NOUVELLE

METHODE

POUR APRENDRE

LE PLAIN-CHANT.

DIVISÉE EN QUATRE PARTIES.

La I. enseigne la maniere d'aprendre à chanter en peu de temps sans Game ny Muances.

La II. fait connoistre les huit Tons de l'Eglise, & la maniere de s'en servir en toutes sortes de Fêtes.

La III. enseigne la maniere de garder le Ton du Chœur, l'Intonation des Antiennes les unes sur les autres, les Accens Ecclesiastiques, la maniere de chanter les Leçons, les Chapitres, les Oraisons, & tout ce qui regarde les Matines, les Laudes, les Vespres, & les petites Heures.

Et la IV. aprend à chanter les Oraisons de la Messe, les Epîtres, les Evangiles, les Prefaces, & tout ce qui en dépend.

Tant pour l'Usage de Rome, que pour celuy de Paris, & autres Dioceses.

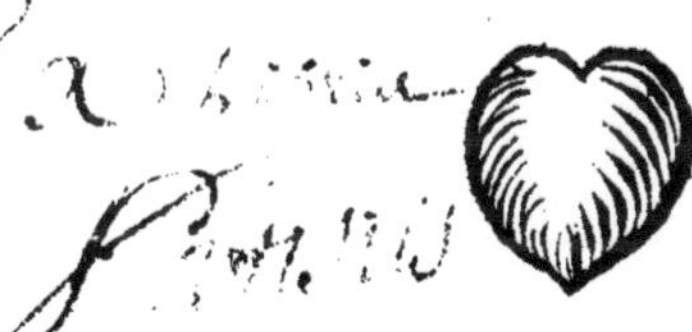

A PARIS,
Chez ELOY HELIE, ruë Saint Jacques, au Chœur Bon.

M. DC. LXXXIV.
AVEC PERMISSION.

PREFACE.

IL n'est rien si necessaire dans le Christianisme, & qui convienne mieux à l'homme, ny mesme qui l'oblige davantage que de sçavoir la maniere de bien servir Dieu & le loüer. C'est la science des Anges & leur continuelle occupation; ce doit estre aussi celle des hommes: puis qu'ils regardent un mesme objet avec ces Esprits bienheureux, & servent un mesme Seigneur. L'homme est obligé de se perfectionner en cette science divine, aussi tost qu'il est capable de raison; & s'il en avoit l'usage dés le moment qu'il commence à vivre au monde, il seroit obligé dés ce moment de se convertir à Dieu & de le loüer. Plusieurs saints Personnages parlant de la sainte Psalmodie, disent. Que c'est un exercice spirituel de la creature, par lequel elle rend hommage à son Createur, & chante ses divines loüanges; Que c'est la plus noble & la plus sainte occupation des hommes, puis qu'ils peuvent faire en la terre ce que les Anges s'estiment heureux de faire continuellement dans le Ciel; Qu'elle est un sacrifice de loüanges que ce grand Dieu recherche tant de nous, & duquel parle si souvent le Prophete Roy en ses Pseaumes; Que c'est un sacrifice indeterminé qui ne s'offre pas seulement au matin & au soir, comme ces sacrifices anciens, mais on le peut offrir en tout temps, en tout lieu, à toute heure, & à tout moment; Et de plus, c'est un sacrifice continuel qui n'aura jamais de fin, car il sera pour toute l'eternité. *Et le saint Esprit n'a ce semble rien plus en recommandation que de nous exhorter à ce mesme Office, comme nous lisons au Pseaume* 46. Psallite Deo nostro, psallite Regi nostro, psallite quoniam Rex omnis terræ Deus, psallite sapienter. *Et au* 67. Regna terræ cantate Deo psallite Domino, *comme si les Royaumes entiers n'avoient point d'occupation plus serieuse que de chanter les Pseaumes qui contiennent les loüanges divines. Ce qui a peut-estre esté cause que David ne s'est voulu qualifier d'aucun titre au 2. Livre des Rois chapitre 23. que de ce qu'il estoit* egregius Psaltes in Israël, *un excellent Chantre entre les enfans d'Israël: Et qu'Ezechias Roy de Iuda, n'a promis à Dieu pour impetrer la vie qu'il devoit perdre en la fleur de son âge, sinon qu'il chanteroit toute sa vie des loüanges en la maison de Dieu, comme enseigne Isaye au 38. chapitre.* Et psalmos nostros cantabimus cunctis diebus vitæ nostræ in domo Domini.

D'où il est maintenant facile de conclure, que tous les Chrestiens (& principalement ceux qui sont consacrez au culte des Autels) doivent avoir un soin particulier de se perfectionner en ce saint exercice, afin qu'ils soient participans des graces que Dieu a répanduës sur tous les justes.

PERMISSION.

PErmis d'Imprimer. FAIT ce seiziéme d'Aoust 1674.

DE LA REYNIE.

Nostra ut pura pectora sint &
cor po ra. Quæ nunc flagitant de vo ta
corda & o ra. Tu a per pre ca ta
dul ci so na. Nobis concedas veniam
per sæ cu la. O be ni gna. O
Ma ri a. O Virgo pi a. Quæ
so la in vi o la ta per man si-
sti,

Il faudra ensuite s'exercer sur les *Antiennes* qui suivent, & observer les effets du ♮ *carre* & du ♭ *mol* qui s'y rencontrent, c'est à dire la dureté de l'vn & la douceur de l'autre, lesquels (comme nous avons dit cy-devant) changent seulement les *Notes* de *Son*, & non pas de *nom*.

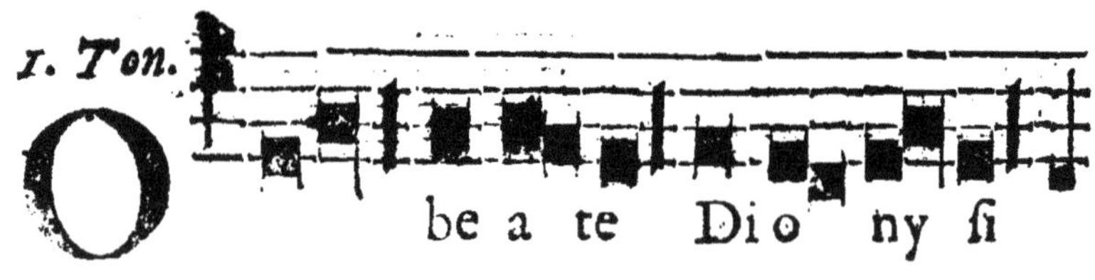

ma gna eſt mer ces tu a : in ter ce-
de pro nobis ad Do mi num De-
um tu um ut qui cha ri tate li cet ti bi diſ ſi mi les
ſu a gra ti a lar gi en-
te fa ci as eſ ſe conſor tes.
2. Ton.
O Be a tum vi rum cu jus
a ni ma pa ra di ſum poſſi det,

un de exultant An ge li, ſæ tan tur

Ar chan ge li, cho rus San ctorum pro-

cla mant, tur ba Vir gi num in vi tat

ma ne nobiſcum in æ ter num.

3. Ton.

SEr ve bo ne, & fi de lis

intra in gau di um Do mi ni tu i.

4. Ton.

CHri ſtum re gem ado-

re mus do mi nan tem gen ti-

bus : qui ſe man du can ti bus
dat ſpi ri tus pin-
gue di nem.
5. Ton.
SAcer do tes Dei be ne di ci te
Dominum, ſervi Do mi ni hymnum di ci te
De o in æ ter num.
6. Ton.
GAudent in cæ lis a ni-
mæ ſan cto rum, qui Chri ſti ve-

sti gi a sunt se cu ti:
& qui a pro e jus a mo re
san guinem su um fu de runt,
i de o cum Chri sto ex ul-
tant si ne si ne.
7. Ton.
COn for ta tus est prin-
ci pa tus e o rum, & ho-
no ra ti sunt a mi ci tu i De us.

Il faudra encore s'exercer sur les 8. *Tons* ou *Chants* de *Gloria Patri*, que l'on chante à la fin des *Respons*.

PREMIER TON.

Fi li o & Spi ri tu-
i san cto.
3. TON.
GLo ri a Pa tri,
& Fi li o, & Spiri-
tu i san cto.
4. TON
GLo ri a Pa-
tri, & Fi li o, & Spiri-
tu i san cto,

5. TON.

5. TON
GLo ri a Pa tri,
& Fi li o, & Spi ri tu i
ſan ctο.
6. TON.
GLo ri a Pa tri,
& Fi li o, & Spi ri tu-
i ſan ctο.
7. TON.
GLo ri a Pa tri
& Fi li o, & Spiri tu-

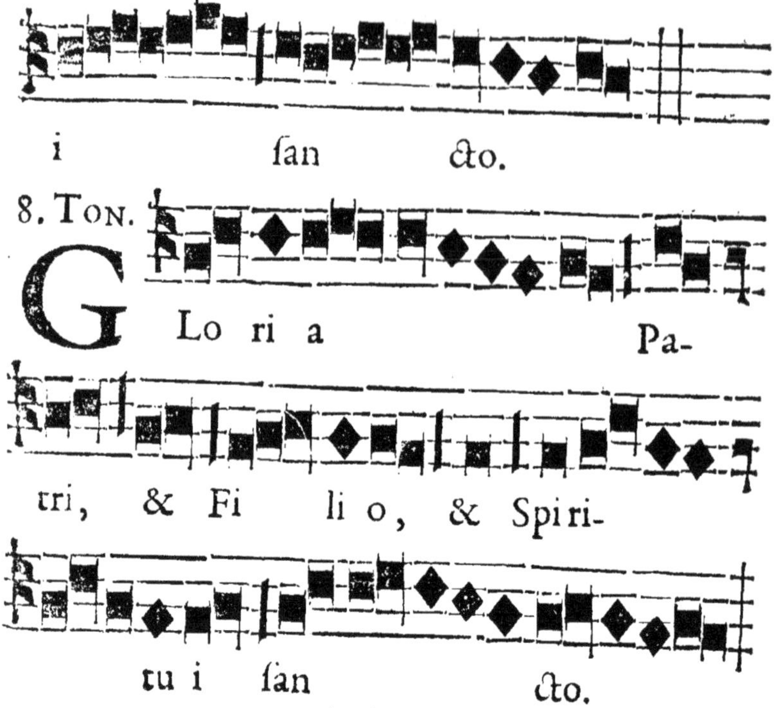

i ſan ɛ̃to.

8. Ton.

GLo ri a Pa-

tri, & Fi li o, & Spiri-

tu i ſan ɛ̃to.

nouvelle methode
nouve melthode

LES TONS OV CHANTS DE L'EGLISE.

SECONDE PARTIE.

CHAPITRE I.

Du Ton *en general.*

TOn ne signifie autre chose que *Mode*, c'est à dire, une façon & maniere de chanter, laquelle distingue un Chant de l'autre. Il y a huit sortes ou manieres ds Chants differents, dont il y en a quatre principaux ou *Supe-*

rieurs, & quatre plagaux ou *Inferieurs*.

Les *Superieurs* sont : le 1. le 3. le 5. & le 7. & les *Inferieurs* sont: le 2. le 4. le 6. & le 8.

Ceux qui sont du nombre impairs ont plus de force & plus d'énergie que les impairs ; c'est pourquoy on remarque que les impairs ont la force d'émouvoir, & que les pairs au contraire ont la force d'adoucir & d'appaiser.

Chaque principal ou *Superieur*, engendre son plagal ou *Inferieur*, c'est à dire que le 2. *Ton* tire son origine du premier, le 4. du 3. le 6. du 5. & le 8. du 7.

EXEMPLES.

La difference qui se trouve dans les *Tons*, par le plus ou le moins de leur estenduë & de leur mélange, fait qu'il y en a de diverses especes, les vns sont nommez *Parfaits*, les autres *Imparfaits*, d'autres plus que *Parfaits*, ou *Abondans*, les uns *Mixtes* ou *Communs*, les autres *Commixtes* ou *Antimixtes*, & d'autres *Douteux*.

Quand un *Ton* ou *Mode* embrasse les 8. degrez de l'Octave, il se nomme *Parfait*.

Les *Tons imparfaits* sont ceux qui ont moins d'estenduë que l'Octave.

Les *Tons* plus que *Parfaits* ou *Abondans*, sont ceux qui surpassent les bornes de l'Octave, tant en la partie superieure qu'en la partie inferieure.

Le mélange de l'*Authentique* avec son *Plagal*, rend les *Tons mixtes* ou *Communs*.

Les *Tons mixtes* ou *Antimixtes*, sont ceux qui dans un mesme Chant, participent les uns des autres.

Et les *Tons* ou *Modes douteux*, que quelques-uns appellent *Neutres*, sont ceux qui ne contiennent que 4. ou 5. degrez, & qui ne passent point les bornes d'une Quinte.

Ces *Tons* ou *Chants* de l'Eglise se connoissent & se distinguent les uns des autres par deux *No-*

tes, ou *Voix* principales, l'une desquelles se nomme *Dominante*, & l'autre *Finale*.

La *Dominante* est comme la maistresse *Note* du *Ton*, aussi est elle plus souvent repetée que les autres ; Et la *Finale* est celle qui le termine.

Pour connoistre la *Dominante* & la *Finale* de chaque *Ton* en particulier, il suffit d'examiner les Exemples qui suivent.

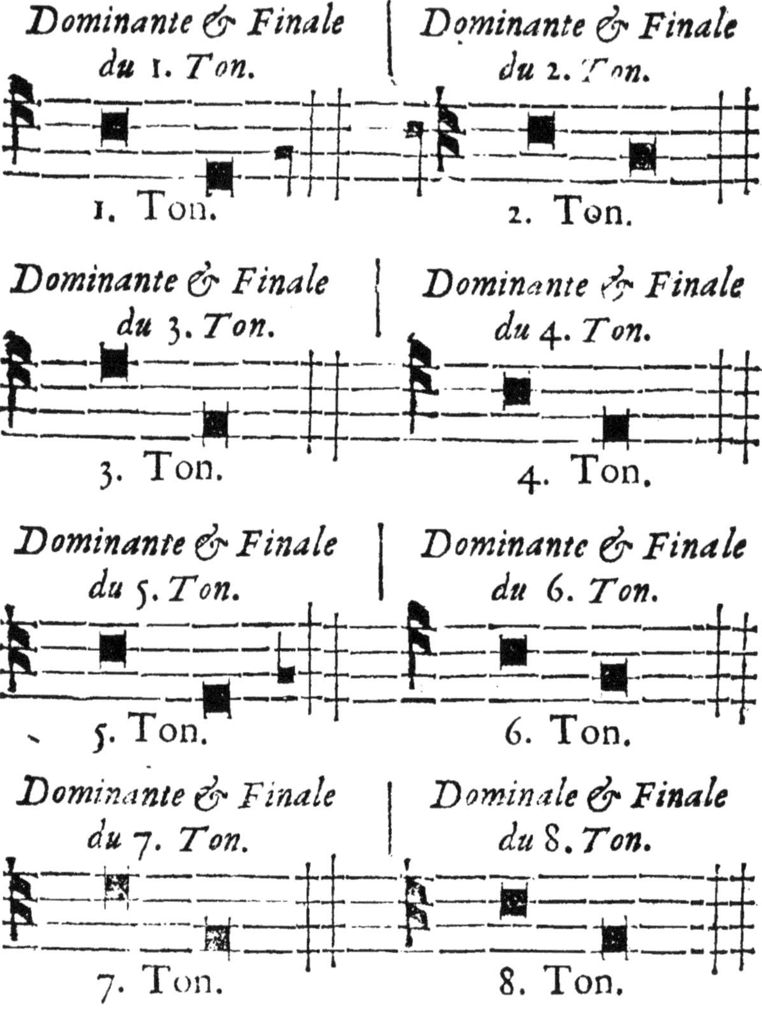

CHAPITRE II.

De la Psalmodie, *ou Chant des* Psalmes.

LA *Psalmodie* n'est autre chose qu'une *Voix* continuée, laquelle reçoit quelque varieté au commencement, au milieu & à la fin.

Trois choses sont necessaires à observer dans la *Psalmodie*, sçavoir : l'*Intonation*, la *Mediation* & la *Conclusion*.

L'*Intonation* est la maniere de commencer le *Psalme* ou le *Cantique*, & il y en a de deux sortes : l'une *Festive*, & l'autre *Ferielle*.

La *Mediation* est une certaine composition de chant qui precede la pause, & se fait ordinairement au milieu de chaque Verset.

La *Conclusion* est la maniere de finir les Versets du *Psalme* ou du *Cantique*, elle se fait par une suite de *Notes*, qui composent à chaque *Ton* ou *Mode* une Cadence particuliere, & elles se distinguent l'une de l'autre par la diversité des Chants qui s'y rencontrent.

Sans la Cadence il n'y auroit rien de beau dans le Chant, car elle y fait le mesme effet que la *virgule* dans le Discours, & que le *poinct* dans l'Oraison ; Il y en a de deux sortes, la *Reguliere* & l'*Irreguliere*.

La *Reguliere* se termine sur les cordes naturelles du *Mode* ; Et l'*Irreguliere* ne se termine que sur des cordes estrangeres & empruntées.

Ces differentes *Conclusions* sont marquées à la fin des *Antiennes*, par la diction *E u o u a e*.

CHAPITRE III.

Tons *ou* Chants *de l'Eglise à l'usage de Rome.*

PREMIER TON.

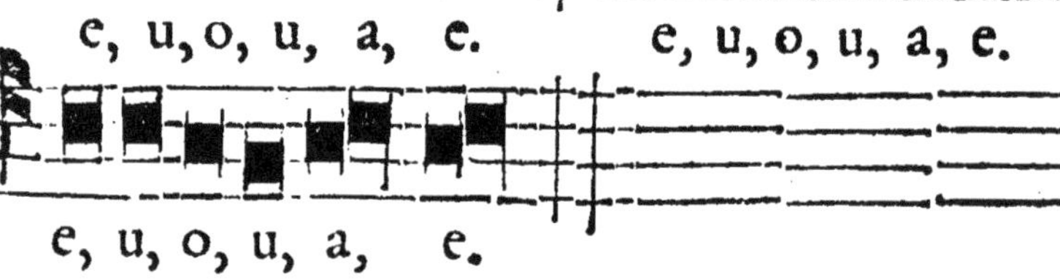

Premier Ton *commençant par la* Dominante.

dextris meis. A dextris meis.
Intonation. *Mediation.*
In e xi tu Iſ ra ël de Ægypto:
Conclusion.
domus Iacob de po pu lo barba ro.
Intonation & *Mediation* pour tous les Verſets des Cantiques *Magnificat* & *Benedictus.*
Magni ficat, &c. Et e xul ta vit ſpi ri tus
me us, &c. Be ne dictus Dominus
De us Iſra ël, &c. Et e rexit cornu
ſa lu tis no bis, &c.

2. TON.

Intonation & *Mediation* pour tous les Versets des Cantiques *Magnificat* & *Benedictus*.

3. TON.

Intonation & *Mediation* pour tous les Versets des Cantiques *Magnificat* & *Benedictus*.

Ma gni fi cat, &c Et e xul ta vit

ſpi ri tus me us, &c. Be ne di ctus
Dominus De us Iſ ra ël, &c.
4. TON.
Intonation
Mediation.
Di xit Dominus Do mi no me o:
Conclusion.
Se de à dextris me is.
Conclusions ou Fins differentes du 4. Ton.
e, u, o, u, a, e. e, u, o, u, a, e.
Intonation Ferielle.
e, u, o, u, a, e. Di xit Dominus, &c.

Intonation & ***Mediation*** pour tous les Verſets des Cantiques ***Magnificat*** & ***Benedictus.***

La *Mediation* des Cantiques du 4. Ton a du rapport avec celle des Cantiques du ſecond, & il n'y a que quelque *tranſpoſition* de *Notes*.

5. TON.

Concluſions *ou* Fins *differentes du* 5. Ton.

Intonation Ferielle.

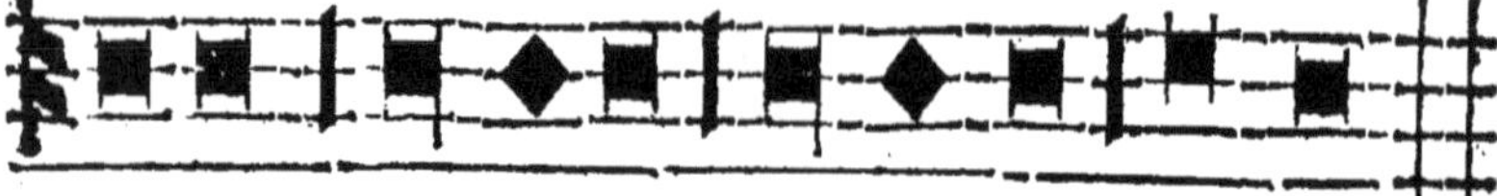

Di xit Do mi nus Do mi no me o, &c.

Intonation & *Mediation* pour tous les Versets des Cantiques *Magnificat* & *Benedictus.*

Ma gni fi cat,&c. Et e xul ta vit spi ri tus

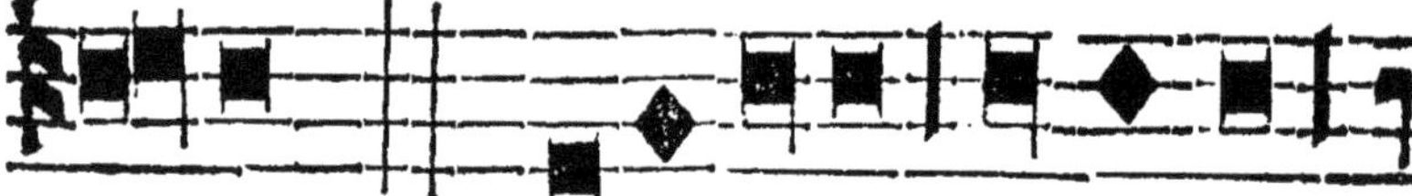

me us, &c. Be ne di ctus Do mi nus

De us Is ra ël, &c.

La *Mediation* des Cantiques du 5. Ton a encore du rapport avec celle des Cantiques du second, & il n'y a que *transposition* de *Notes.*

6. TON.

Intonation & *Mediation* pour tous les Verſets des Cantiques *Magnificat* & *Benedictus.*

L'*Intonation* & *Mediation* des Cantiques du 6. Ton, eſt toute ſemblable à celle des Cantiques du premier.

7. TON.

Conclusions *ou* Fins *differentes du* 7. Ton.

8. TON.

8. TON.

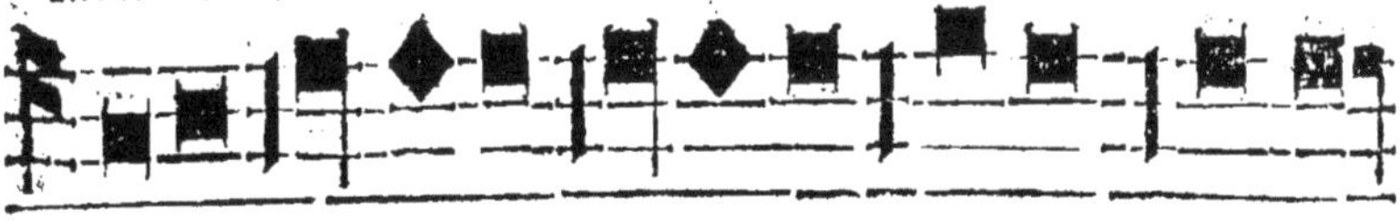

Intonation. *Mediation.*

Dixit Do minus Do mino me o : Se de

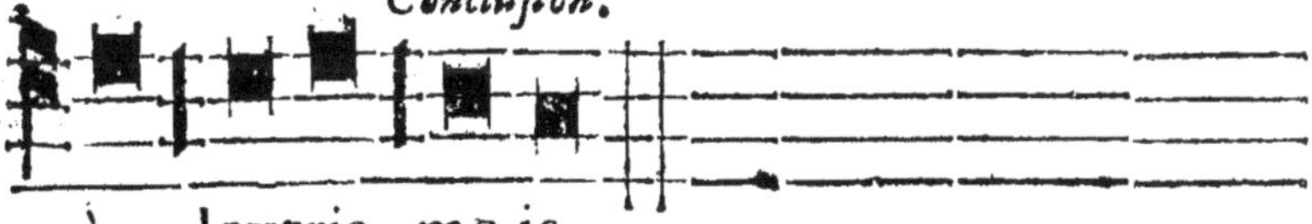

Conclusion.

à dextris me is.

Conclusions *ou* Fins *differentes du* 8. Ton.

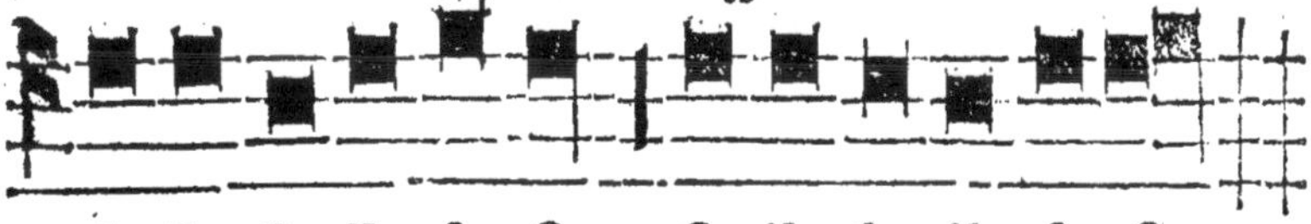

e, u, o, u, a, e. e, u, o, u, a, e.

La *Mediation* & *Intonation* des Cantiques *Magnificat* & *Benedictus* du 8. Ton, se fait comme celle du second.

EXEMPLE.

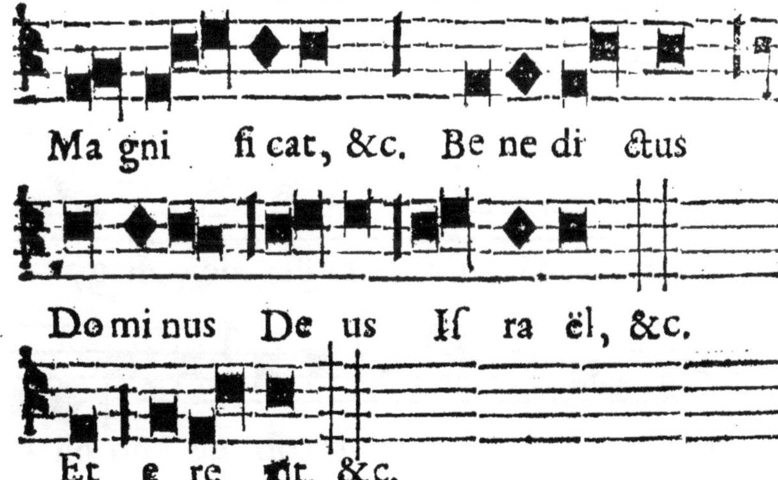

CHAPITRE III.

Tons *ou* Chants *de l'Eglise, à l'usage de Paris.*

PREMIER TON.

Conclusion.
barba ro.
Intonation des Cantiqu. *Magnificat* & *Benedictus.*
Magni ficat,&c. Be ne dictus Dominus,&c.
2. TON.
Intonation.
Mediation.
Dixit Dominus Domino me o : Se de
Conclusion.
à dextris meis.
Intonation des Cantiqu. *Magnificat* & *Benedictus.*
Ma gni fi cat,&c. Be ne di ctus, &c.
3. TON.
Intonation.
Mediation.
Di xit Do minus Domi no me o : Sede

Conclusion.
à dex tris me is.
Conclusions ou Fins differentes du 3. Ton.
e, u, o, u, a, e. e, u, o, u, a, e.
Intonation des Cantiqu. Magnificat & Benedictus.
Ma gni fi cat, &c. Be ne di ctus, &c.
4. TON.
Intonation
Mediation.
Di xit Dominus Do mi no me o:
Conclusion.
Se de à dextris me is.
Conclusions ou Fins differentes du 4. Ton.
e, u, o, u, a, e. e, u, o, u, a, e.

e, u, o, u, a, e. e, u, o, u, a, e.
Cum in vocarem,&c. di la ta ſti mi hi.
Confi te bor,&c,meo: & congregati o ne.
Intonation des Cantiqu. *Magnificat* & *Benedictus.*
Ma gni fi cat,&c. Be ne di ctus,&c.
5. TON.
Intonation.
Mediation.
Di xit Do mi nus Do mi no me o:
Concluſion.
Se de à dex tris me is.
Intonation des Cantiqu. *Magnificat* & *Benedictus.*
Ma gni fi cat, &c. Be ne di ctus, &c.

6. TON.

Intonation.
Mediation.
Di xit Do mi nus Do mi no me o:
Conclusion.
Se de à dex tris me is.
Intonation des Cantiqu. Magnificat & Benedictus.
Ma gni fi cat, &c. Be ne di ctus, &c.
7. TON.
Intonation.
Mediation.
Di xit Do mi nus Do mi no me o:
Conclusion.
Se de à dextris me is.
Conclusions ou Fins differentes du 7. Ton.
e, u, o, u, a, e. e, u, o, u, a, e.

Intonation des Cantiqu. *Magnificat*, & *Benedictus*.

Ma gni fi cat, &c. Be ne di ctus, &c.

8. TON.

Intonation. O *Mediation.*

Dixit Do mi nus Do mi no me o:

Conclusion.

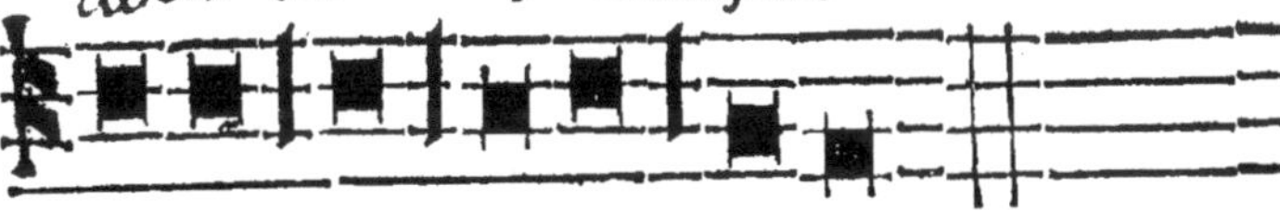

Se de à dextris me is.

Conclusions *ou* Fins *differentes du* 8. Ton.

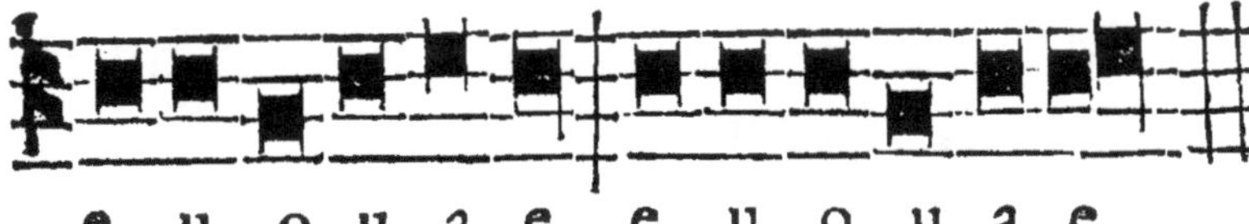

e, u, o, u, a, e. e, u, o, u, a, e.

Intonation des Cantiqu. *Magnificat* & *Benedictus*.

Ma gni fi cat, &c. Be ne di ctus, &c.

DV TON DV CHOEVR,

OV

LA MANIERE DE BIEN observer la Psalmodie, les Accents Ecclesiastiques, & generalement tout ce qui contribuë dans le Chœur à la beauté & à la perfecti on du Chant.

TROISIESME PARTIE.

CHAPITRE I.

Explication de ce terme, Ton du Chœur.

LE *Ton du Chœur* est un *Son* mediocrement élevé, qui n'approche ni du *grave* ni de l'*aigu*, mais il tient le milieu entr'eux. Il se prend dans l'Octave à la Quinte au dessus du *terme grave*, ou bien à la Quarte au dessous du *terme aigu*.

EXEMPLE.

Le *Ton du Chœur* n'a point de *Note* determinée pour s'exprimer, car il suit les *Notes dominantes* de chaque *Ton* ou *Mode*, prenant au premier un *La*, au 2. un *Fa*, au 3. un *Vt*, au 4. un *La*, au 5. un *Vt*, au 6. un *Fa*, au 7. un *Ré*, *& au* 8. un *Vt*, & si je l'ay d'abord placé sur le degré du *La*, ce n'a esté que pour y prendre le *Son*; tellement que toutes les *Dominantes* de chaque *Ton* ou *Mode* sont immobiles au regard du *Son*, & il les faut considerer sur une mesme *ligne*, sans *Clef*, puis les chanter à l'*Vnisson*, c'est à dire sur un mesme *Son*, sans hausser ny baisser.

EXEMPLE.

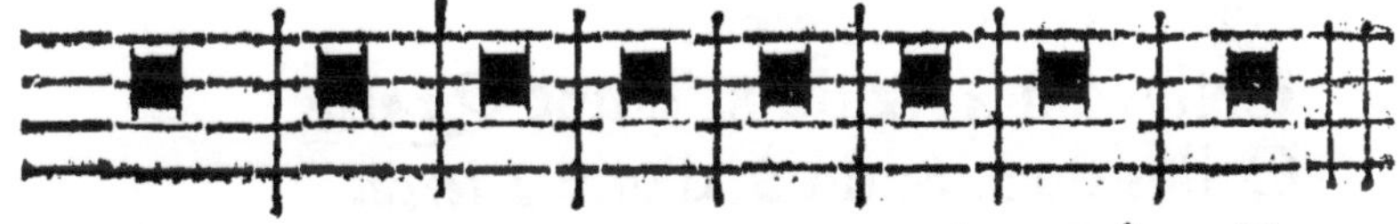

Il faut ensuite joindre chaque *Finale* à sa *Dominante*, & considerer l'éloignement qu'il y a desdites *Finales* à leurs *Dominantes*. EXEMPLE.

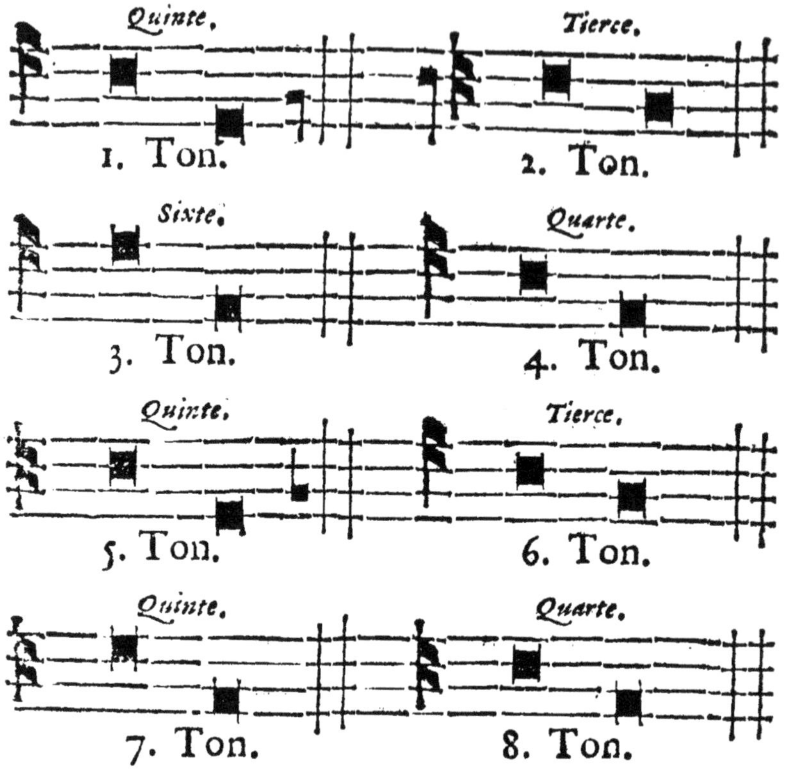

L'on voit par cét Exemple, que les Notes *Finales* de chaque *Ton* ou *Mode* sont éloignées de leurs *Dominantes* diversement, les unes également, les autres plus, & les autres moins.

Que celles du premier, du 5. & du 7. en sont éloignées d'une *Quinte*.

Celles du 4. & du 8. d'une *Quarte*.

Celles du 2. & du 6. d'une *Tierce*.

Et celle du 3. d'une *Sixte*.

Et il faut encore remarquer, que plus les *Finales* sont éloignées de leurs *Dominantes*, & plus elles sont entonnées d'un *Son grave*.

Mettons en pratique ce que je viens de dire, & voyons la maniere de chanter les *Antiennes* les unes sur les autres, selon le *Ton du Chœur.*

CHAPITRE II.

Des Antiennes, *& comme il les faut appliquer aux* Pseaumes *selon le* Ton du Chœur.

POur bien faire l'*Intonation* d'une *Antienne*, il faut observer deux choses.

La premiere : Que l'*Antienne* ait rapport & relation au Chant qui la precede.

Secondement, l'on doit connoistre de quel *Ton* ou *Mode* elle est, afin de pouvoir entonner le *Pseaume* qui la suit de mesme maniere, & faire que la *Dominante* de l'*Antienne* convienne avec celle du *Pseaume* en *Son* égal.

I. Observation.

Si l'*Antieune* qui suit est de mesme *Ton* que le Chant qui precede, ou si la *Dominante* est la mesme, l'on ordonnera la premiere *Note* de l'*Antienne*, à la derniere du Chant precedent, comme si ce n'estoit qu'une suite & une continuation de Chant. Exemples.

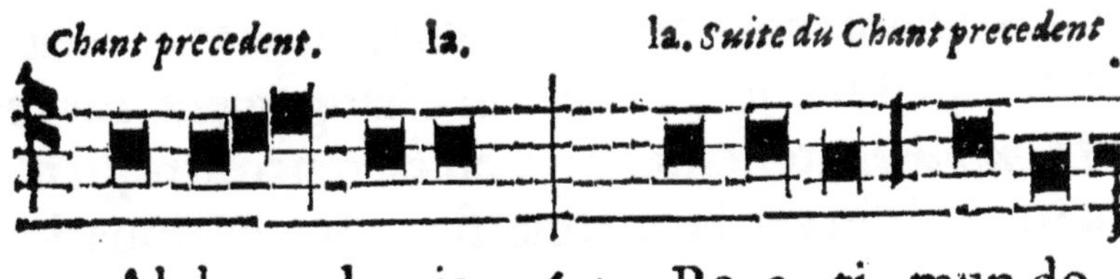

II. Observation.

Si la *Dominante* de l'*Antienne* qui ſuit eſt ſemblable à celle qui precede, & qu'elle ait le meſme *nom*, pour lors il n'y aura aucune difficulté dans l'*Intonation* deſdites *Antiennes*, & elles ſe doivent conſiderer en meſme *Ton*, dautant qu'il ne ſe fait aucun changement ſur les *Dominantes*, tellement qu'en ce rencontre, il n'y a qu'à obſerver la meſme ſuite & continuation de Chant.

EXEMPLE.

Concurrence du 1. & du 4.

III. OBSERVATION.

Si la *Finale* tant de l'*Antienne* qui ſuit que de celle qui precede ſont également éloignées de leurs *Dominantes*, pour lors il ſe fait un changement de *ſillabes*, tant ſur les *Dominantes* que ſur les *Finales*, mais le *Son* ſe maintient toûjours dans la meſme étenduë de voix.

EXEMPLES.

Concurrence du 1. *du* 5. *&* *du* 7. *dont les* Finales *sont éloignées d'une* Quinte.

Dominantes du 1. *&* *du* 7. *en mesme* Son.

Finales *du* 1. *du* 5. *&* *du* 8. *en mesme Son.*

L'on en doit user de la mesme maniere à l'égard du 4. & du 8. dont les *Finales* sont également éloignées de leurs *Dominantes* d'une *Quarte*, soit qu'ils se trouvent par concurrence l'un devant l'antre.

EXEMPLES.

Concurrence du 4. *&* *du* 8. *dont les* Finales *sont éloignées d'une* Quarte.

Intonation *égale entre la* Dominante *du* 4. *&* *celle* du 8.

sol, *Guide du mesme Son*, vt.

Intonation *égale entre la* Finale *du* 4. *&* *celle du* 8.

mi, *Guide du mesme Son*, sol.

Intonation *égale entre la* Finale *du* 8. *&* *celle du* 4.

ſol, *Guide du mesme Son*, mi.

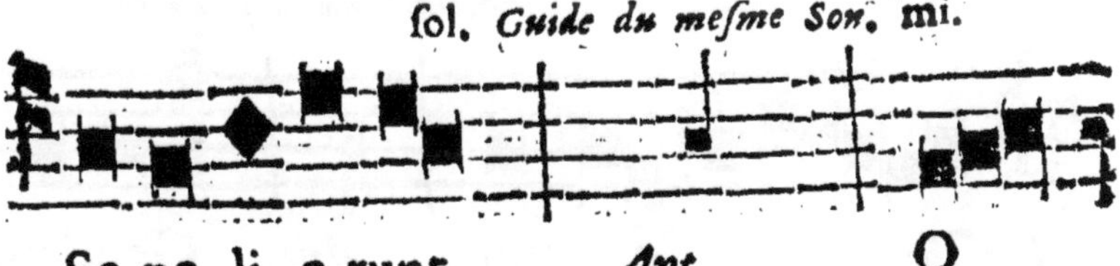

Cru cis vi cto ri a.

Comme aussi à l'égard du 2. & du 6. dont les *Finales* sont éloignées de leurs *Dominantes* d'une *Tierce*, n'importe que par concurrence ils se rencontrent l'un devant l'autre.

Exemples.

Concurrence du 2. & du 6. dont les Finales *sont éloignées de leurs* Dominantes *d'une* Tierce.

Intonation *égale entre la* Dominante *du 6. & celle du 2.*

la. *Guide du mesme Son* fa.

di mus Christum.

Intonation *égale entre la* Finale *du 2. & celle du 6.*

ré. *Guide du mes. Son* fa.

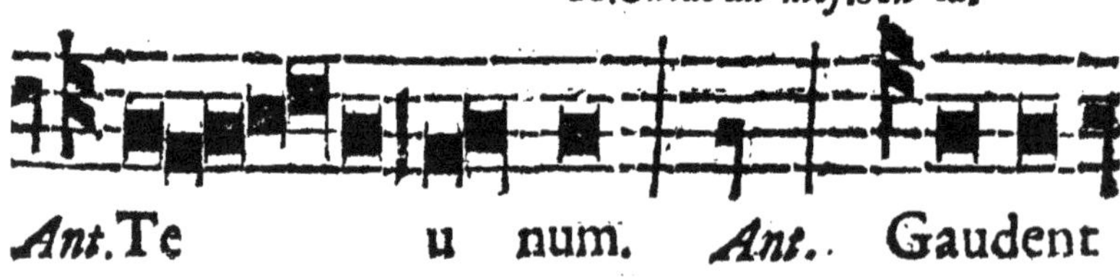

in

IV. Observation.

Si l'*Antienne* n'eſt pas de meſme *Mode* que le Chant qui precede, on les doit conferer ou par la *Dominante* ou par la *Finale*.

Si on les confere par la *Dominante*, on doit changer la *ſillabe* de la *Dominante* qui ſuit en celle de la *Dominante* qui precede, & garder le meſme *Son*, & s'il ſe rencontre que la premiere *Note* de l'*Antienne* qui ſuit ſe rencontre dans ſa *Dominante*, pour lors on ne trouvera aucune difficulté dans l'*Intonation* deſdites *Antiennes*, parce que ce ne ſera, pour ainſi dire, qu'une ſuite & une continuation du meſme Chant.

Exemples.

Manieres d'entonner les Antiennes *les unes ſur les autres par la* Dominante.

Intonation par la Dominante *à l'Vniſſon.*

Chant precedent. 1. Ton. *Guide du meſme Son. Chant ſuiv.* 2. Ton.

la. *Guide.* fa.

Al le lui a. *Ant.* Cre dimus

Chriſtum.

1. Ton. Guide. 3. Ton.
Al le lu ia. Ant. Domine mi Rex.
1. Ton. Guide. 5. Ton.
Alle lu ia. Ant. Be ne di ctum.
1. Ton. Guide. 7. Ton.
Alle lu ia. Ant. Ec ce Sa cer dos
1. Ton Guide. 8. Ton.
magnus. Al le lu ia. Ant. Hoc est
præ ce ptum me um.
Intonation par la Dominante *en descendant d'une Seconde.*
1. Ton. Guide. 7. Ton.
Alle lu ia. Ant. Con for ta-

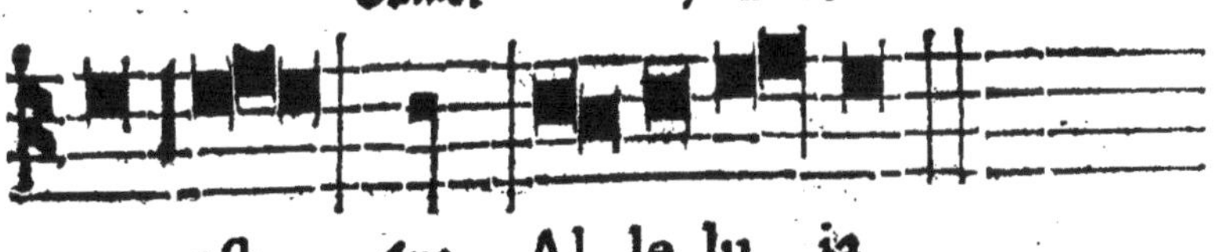

Guide.
7. Ton.
tus est. *Ant.* Al le lu ia.

Intonation par la Dominante *en descendant d'une Tierce.*

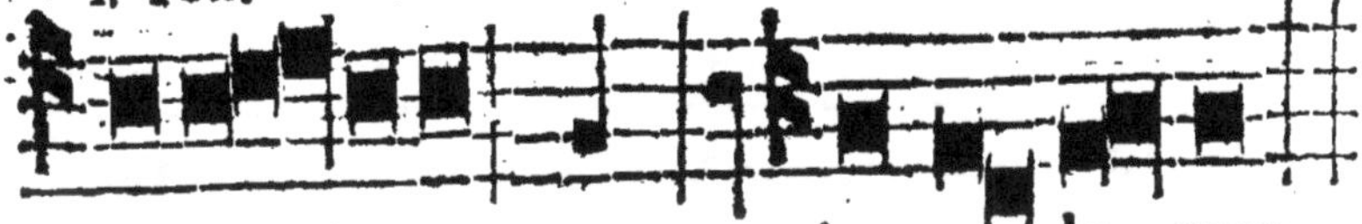
1. Ton.
Guide.
2. Ton.
Al le lu ia. *Ant.* An ge lo rum.

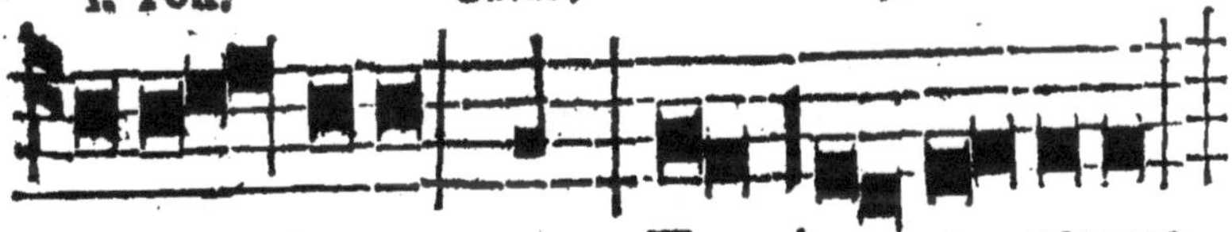
1. Ton.
Guide.
4. Ton.
Al le lu ia. *Ant.* Te in vo camus.

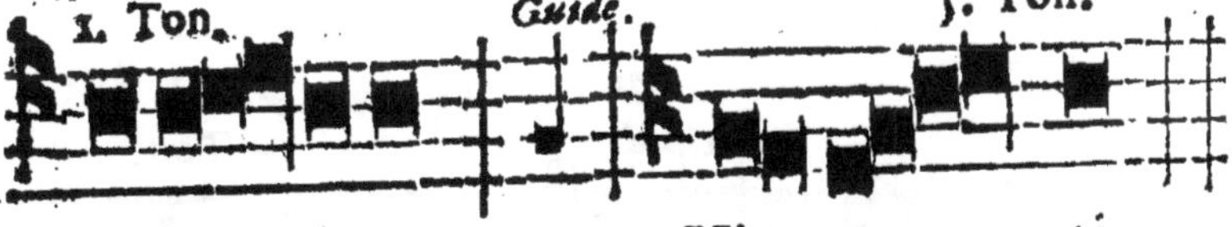
1. Ton.
Guide.
5. Ton.
Al le lu ia. *Ant.* Vin cen ti.

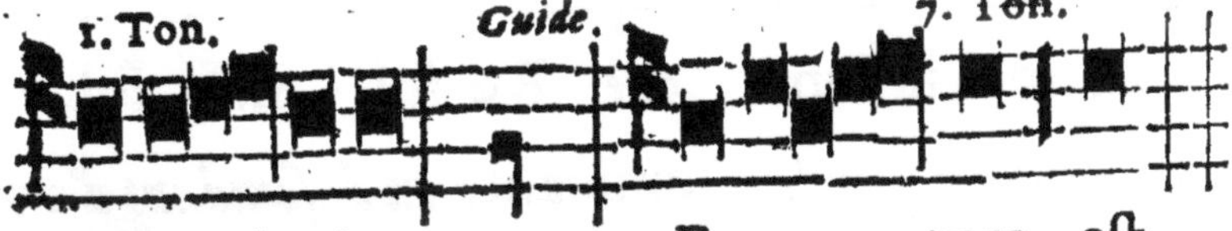
1. Ton.
Guide.
7. Ton.
Alle lu ia. *Ant.* Exor tum est.

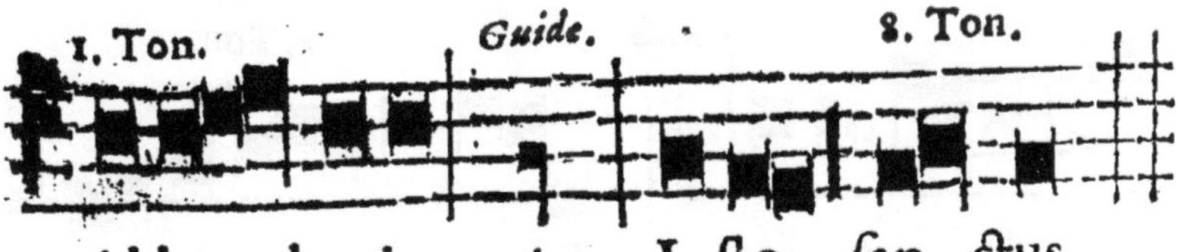
1. Ton.
Guide.
8. Ton.
Al le lu ia. *Ant.* I ste san ctus.

Intonation par la Dominante *en descendant d'une Quarte.*

Intonation par la Dominante *en descendant d'une Quinte.*

1. Ton. *Guide.* 4. Ton.

Al le lu ia. *Ant.* Secus decurſus aqua rum.

1. Ton. *Guide.* 5. Ton.

Al le lu ia. *Ant.* An te thro num.

7. Ton. *Guide.* 8. Ton.

Ant. Iu ra vit. *Ant.* I ſte eſt.

Intonation par la Dominante *en deſcendant d'une Sixte.*

1. ton. *Guide.* 1. ton.

Al le lu ia. *Ant.* Col li gi te.

1. ton. *Guide.* 2. ton.

Alle lu ia. *Ant.* Mi ſe ra tor

1. ton. *Guide.* 3. ton.

Alle lu ia. *Ant.* Quando na tus es.

Manieres d'entonner les Antiennes *les unes sur les autres par la* Finale.

Si on confere les *Antiennes* par la *Finale*, on doit changer la *sillabe* de la *Finale* qui suit en celle de la *Finale* qui precede, & s'il se rencontre que la premiere *Note* de l'*Antienne* qui suit commence par sa *Finale*, on ne trouvera aucune difficulté dans l'*Intonation* desdites *Antiennes* & ce ne sera, pour ainsi dire, qu'une suite & une continuation du mesme Chant.

Exemples.

Intonation par la Finale *à l'Vnisson.*

1. TON.
Guide.
3. TON.
Alle lu ia. *Ant.* Qui ſe qui tur me.
1. TON.
Guide.
2. TON.
Al le lu ia. *Ant.* Si cut li li um.
8. TON.
Guide.
5. TON.
Ant. Dabo in Si on. *Ant.* Montes
& om nes col les.
5. TON.
Guide.
4. TON.
An te thronum. *Ant.* Te De um.
Intonation par la Finale *en montant d'une Tierce.*
1. TON.
Guide.
2. TON.
Ant. Cognoverũt omnes. *Ant.* Spi ri tus.
1. TON.
Guide.
4. TON.
Al le lu ia. *Ant.* To ta pul chra es.

1. ton. Guide. 5. ton.
Alle lu ia. Ant. O ſa crum.
5. ton. Guide. 7. ton.
Al le lu ia. Ant. Exor tum eſt.
7. ton. Guide. 6. ton.
Al le lu ia. Ant. Be ne di ctus.
Intonation par la Finale en montant d'une Quarte.
1. ton. Guide. 7 ton.
Alle lu ia. Ant. Lo queban tur.
4. ton. Guide. 7. ton.
Al le lu ia. Ant. Non eſt inventus.
4. ton. Guide. 1. ton.
Alle lu ia. Ant. Cre di mus Chriſtum.
4. ton. Guide. 8. ton.
Al le lu ia. Ant. Ec ce an cil la Domini.

Guide.
7. TON.
Do mi ni. Ant. Ca ro me a.
Intonation par la Finale en montant d'une Quinte.
1. TON.
Guide.
7. TON.
Alle lu ia. Ant. Ad ju va bit e am.
5. TON.
Guide.
8. TON.
Alle lu ia. Ant. Di xit An ge lus ad
Pe trum.
Intonation par la Finale, en montant d'une Sixte.
3. TON.
Guide.
1. TON.
Alle lu ia. Ant. Ve ni et Do mi nus.
3. TON.
Guide.
2. TON.
Al le lu ia. Ant. Cre di mus Chriſtum
1. TON.
Guide.
5. TON.
Al le lu ia. Ant. Be ne di ctum.

Quant à la maniere d'entonner le *Pſalme* aprés ſon *Antienne*, il n'y a aucune obſervation à faire, dautant que le *Pſalme* ſuit toûjours le meſme *Ton* de l'*Antienne*. Exemple.

Aprés le *Pſalme* on repete l'*Antienne* dans le meſme *Ton*, afin de maintenir le *Ton du Chœur*.

Exemple.

Cét Exemple du 7. *Ton* peut ſervir pour tous les autres.

Ce que je viens de dire de l'*Intonation* des *Antiennes* les unes ſur les autres, n'eſt que pour l'uſage de Rome; car à l'uſage de Paris on en uſe d'une autre maniere.

CHAPITRE III.

Du Neume *ou* Pneume *dont on se sert à l'usage de Paris, pour conclure l'*Intonation *des* Antiennes, *& comme il les faut appliquer aux* Pseaumes, *selon le* Ton du Chœur.

LE *Neume* ou *Pneume*, dont je traite, est l'assemblage de quatre ou cinq *Notes*, rangées & disposées selon l'ordre des huit *Tons*, lesquelles composent à chaque *Intonation* une *Cadence* toute particuliere.

Pour bien faire l'*Intonation* d'une *Antienne* avec son *Neume*, il faut observer quatre choses.

La premiere : Que l'*Antienne* ait rapport & relation au Chant qui la precede.

Secondement : L'on doit connoistre de quel *Ton* ou *Mode* elle est, afin d'entonner le *Pseaume* qui la suit de mesme maniere.

En troisiéme lieu : Il faut que la *Note finale* du *Neume* convienne en son égal avec la *Dominante* tant du Chant precedent que du suivant.

En quatriéme lieu : Il faut que les *dictions* qui se rencontrent sur le *Neume* de ladite *Antienne*, se terminent, si faire se peut, dans un *sens* parfait.

I. Observation.

Si l'*Antienne* qui suit est de mesme *Ton* que le Chant qui precede, & que la *Dominante* soit la mesme, l'on ordonnera la premiere *Note* de ladite *Antienne* à la derniere du Chant precedent, & s'il se rencontre que la *Note finale* du *Neume* se termine dans la mesme *Dominante*, l'on ne trouvera aucune difficulté dans l'*Intonation* desdites *Antiennes*, & ce ne sera, pour ainsi dire, que la suite & la continuation du mesme Chant.

EXEMPLES.

Maniere d'entonner les Antiennes *les unes sur les autres par la* Dominante.

Intonation par la Dominante *à l'Vnisson.*

II. OBSERVATION.

Si l'*Antienne* n'est pas de mesme *Mode* que le Chant qui precede, on les doit conferer ou par la *Dominante* ou par la *Finale*.

Si on les confere par la *Dominante*, on doit changer la *sillabe* de la *Dominante* qui suit, en celle de la *Dominante* qui precede, & garder le mesme *Son*, & s'il se rencontré que la *Note finale* du *Neume* qui suit, se termine par cette mesme *Dominante*, l'on ne trouvera encore aucune difficulté dans l'*Intonation* desdites *Antiennes*, parce que ce ne sera, pour ainsi dire, qu'une suite & une continuation du mesme Chant.

EXEMPLES.

Intonation par la Dominante *de plusieurs* Tons *differents.*

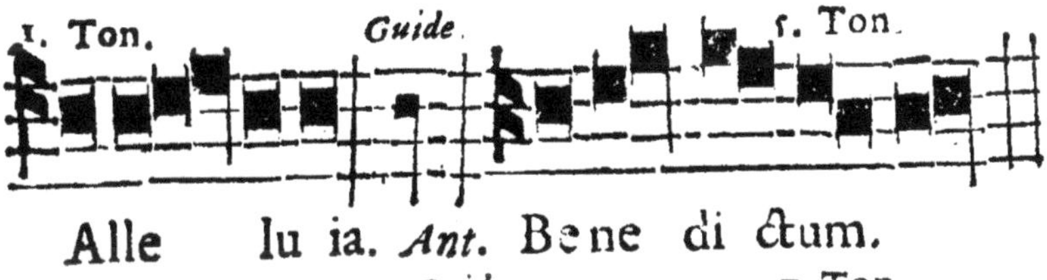
1. Ton.
Guide
5. Ton.
Alle lu ia. Ant. Bene di ctum.

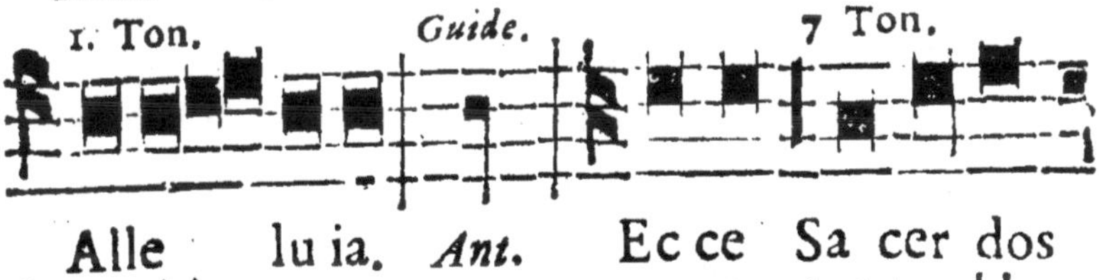
1. Ton.
Guide.
7 Ton.
Alle lu ia. Ant. Ec ce Sa cer dos

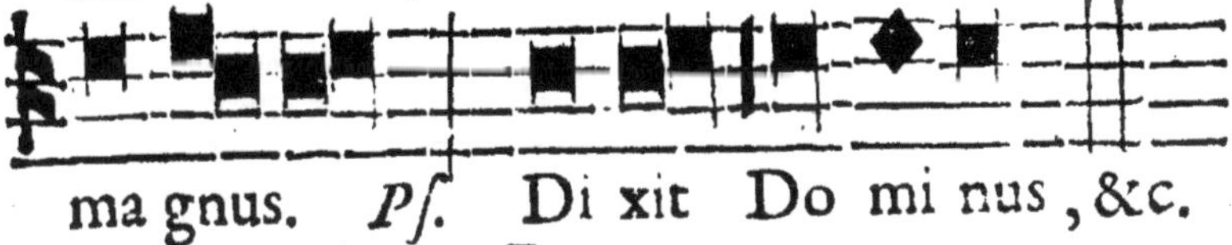
ma gnus. Ps. Di xit Do mi nus, &c.

Autres EXEMPLES.

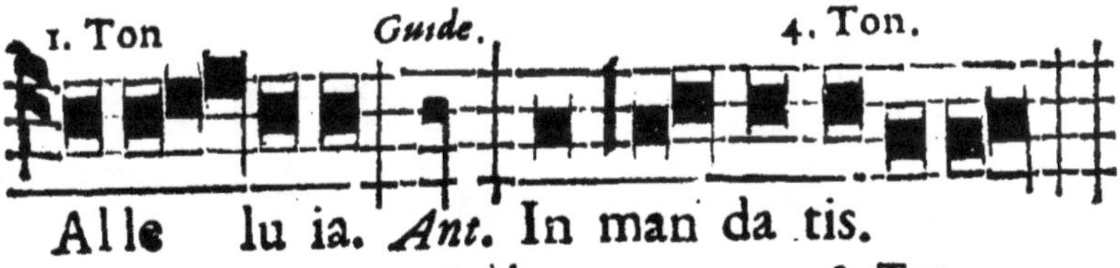
1. Ton
Guide.
4. Ton.
Al le lu ia. Ant. In man da tis.

1. Ton.
Guide.
8. Ton.
Al le lu ia. Ant. E un tes i-

bant. Ps. Di xit Do mi nus, &c.

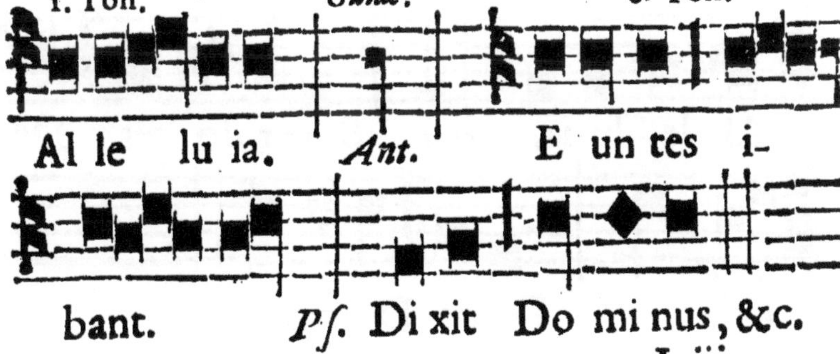

III. OBSERVATION.

Manieres d'entonner les Antiennes *les unes sur les autres par la* Finale.

Si on confere les *Antiennes* par la *Finale*, on doit changer la *sillabe* de la *Finale* qui suit, en celle de la *Finale* qui precede, & garder le mesme *Son*, s'il se rencontre que lesdites *Finales* soient également éloignées de leurs *Dominantes*, & que la *Note finale* du *Neume* qui suit se termine par sa propre *Dominante*, l'on ne trouvera encore aucune difficulté dans l'*Intonation* desdites *Antiennes*, & ce ne sera, pour ainsi dire, qu'une suite & une continuation du mesme Chant. EXEMPLES.

Intonation par la Finale *à l'Vnisson.*

7. TON. *Guide.* 1. TON.

Al le lu ia. *Ant.* Vi di tur bam

ma gnam. *Ps.* Di xit Do mi nus

7. TON. *Guide.* 5. TON.

Al le lu ia. *Ant.* Sa cer do tes De-

i. *Ps.* Di xit Dominus, &c.

IV. OBSERVATION.

Quand les *Modes* concourent ensemble, & que les *Dominantes* & *Finales* tant du Chant precedent que du suivant, sont differentes & inégalement éloignées, pour lors on doit conferer l'éloignement des *Dominantes* aux *Finales*, qu'il faudra hausser ou baisser à proportion que l'éloignement desdites *Dominantes* aux *Finales* sera plus ou moins estendu, ensorte que la *Note finale* du *Neume* suivant, convienne en *Son* égal avec la *Dominante* du Chant precedent. EXEMPLES.

Diverses manieres d'entonner les Antiennes *les unes sur les autres.*

Intonation *égale entre la* Dominante du 1. & *la* Finale du 8.

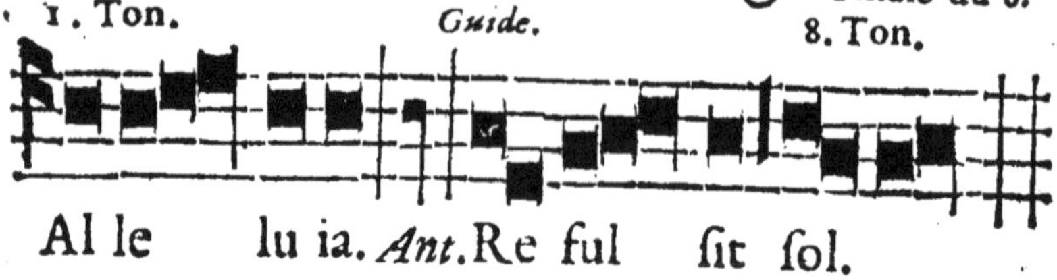
1. Ton.
Guide.
8. Ton.
Al le lu ia. *Ant.* Re ful ſit ſol.

Intonation par la Dominante *en montant & en deſcendant de Secondes.* EXEMPLES.

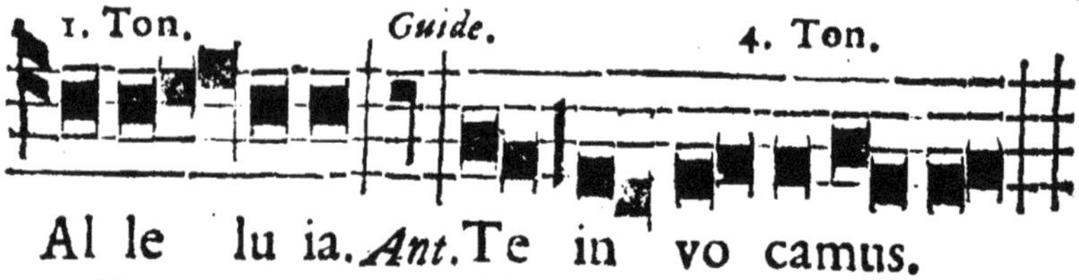
1. Ton.
Guide.
4. Ton.
Al le lu ia. *Ant.* Te in vo camus.

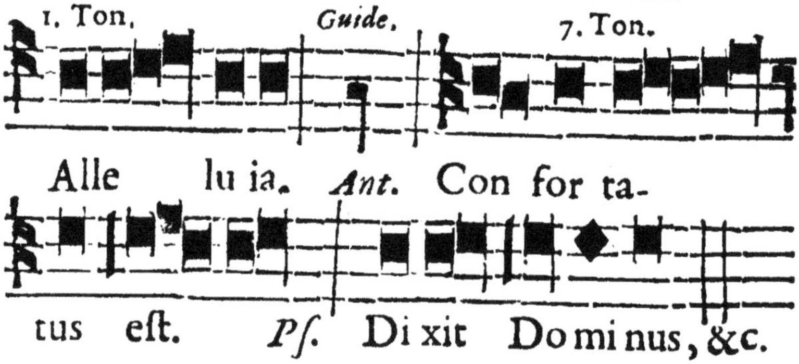
1. Ton.
Guide.
7. Ton.
Alle lu ia. *Ant.* Con for ta-
tus eſt. *Pſ.* Di xit Do mi nus, &c.

Autres EXEMPLES.

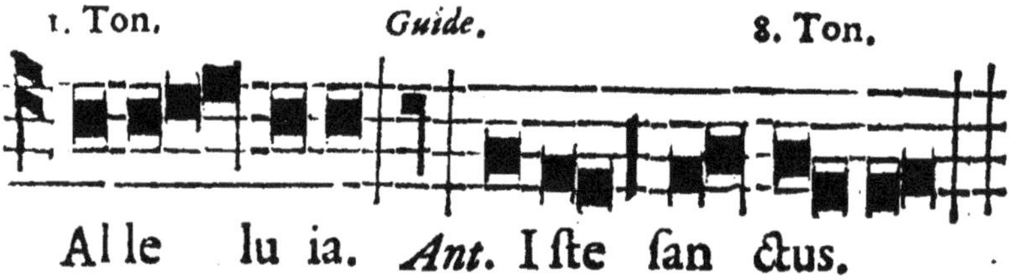
1. Ton.
Guide.
8. Ton.
Al le lu ia. *Ant.* I ſte ſan ctus.

1. Ton.
Guide.
2. Ton.
Al le lu ia. *Ant.* I bat Je ſus.

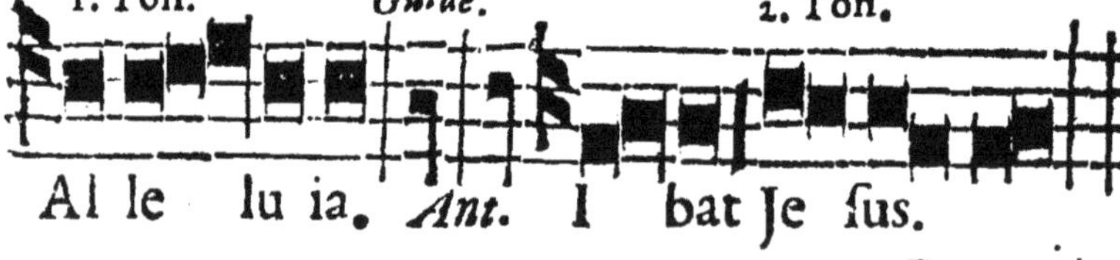

Intonation

Intonation par la Dominante ***en montant & en descendant de Tierces.*** EXEMPLES.

Autres EXEMPLES.

Intonation par la Dominante ***en montant & en descendant de Quartes.*** EXEMPLES.

1. Ton. Guide. 3. Ton.

Al le lu ia. *Ant.* Domine mi Rex

K

1. ton.
Guide.
2. ton.
Alle lu ia. Ant. Mi se ra tor
Do mi nus. Ps. Di xit Do mi nus, &c.
Autres EXEMPLES.
1. Ton.
Guide.
5. Ton.
Alle lu ia. Ant. O vos om nes.
1. Ton
Guide.
3. Ton.
Al le lu ia. Ant. Ser ve bo ne.
Autres EXEMPLES.
1. Ton.
Guide.
1. Ton.
Alle lu ia. Ant. Ve ni et Do mi-
nus. Ps. Di xit Dominus, &c.
1. Ton.
Guide.
4. Ton
Al le lu ia. Ant. Fi de li a.

Autres EXEMPLES.

Inonation par la Dominante *en montant & en de- deſcendant de Quintes.* EXEMPLES.

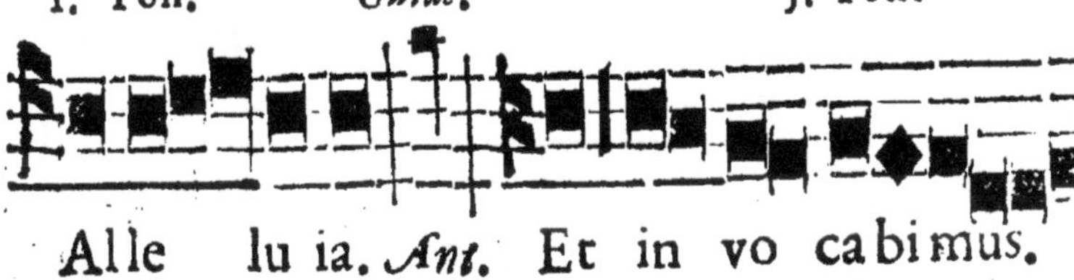

1. Ton. *Guide.* 1. Ton.

Al le lu ia. *Ant.* Corpora ſancto rum.

Intonation par la Dominante *en descendant d'une Sixte.* EXEMPLES.

Diverses manieres d'entonner les Antiennes *les unes sur les autres par la* Finale. EXEMPLES.

Intonation par la Finale *à l'Vnisson.*

Do minus. *Ps.* Di xit Do mi nus,&c.

Al le lu ia. *Ant.* An ge lus.
Intonation par la Finale *en montant & en descendant de Secondes.* EXEMPLES.
1. Ton.
Guide.
2. Ton.
Al le lu ia. *Ant.* Si cut li li um.
5. Ton.
Guide.
3. Ton.
Alle lu ia. *Ant.* Fa vus di ſtil lans.
Autres EXEMPLES.
3 Ton.
Guide.
7. Ton.
Al le lu ia. *Ant.* Fa ɛ̃ta eſt.
3. Ton.
Guide
1. Ton.
Al le lu ia. *Ant.* Col li gi te.
Autres EXEMPLES.
1. Ton.
Guide.
4. Ton
Alle lu ia. *Ant.* Fi de li a.

2. TON. *Guide.* 3. TON.

Ant. Spi ritus. *Ant.* Ser ve bo ne.

Intonation par la Finale *en montant & en descendant de Tierces.* EXEMPLES.

1 TON. *Guide.* 5. TON.

Alle lu ia. *Ant.* O sa crum.

2. TON. *Guide.* 8. TON.

Ant. Spi ri tus. *Ant.* Sa pi en ti a.

Auttres EXEMPLES.

7. Ton. *Guide.* 6. Ton.

Al le lu ia. *Ant.* Re ga li.

2. Ton. *Guide.* 1. Ton.

Ant. Ange lo rum. *Ant.* Præ dicans.

Autres EXEMPLES.

7. TON. *Guide* 6. TON.

Al le lu ia. *Ant.* Be ne di ctus.

2. Ton.
Guide.
5. Ton.
Al le lu ia. Ant. Sacer do tes Dei.
Intonation par la Finale en montant & en descendant de Quartes. EXEMPLES.
1. Ton.
Guide.
7 Ton.
Al le lu ia. Ant. Lo que ban tur.
2. TON.
Guide.
1. TON.
Al le lu ia. Ant. Colli gi te.
Autres EXEMPLES.
4. Ton.
Guide.
7 Ton.
Al le lu ia. Ant. Non est inventus.
6. Ton.
Guide.
3. Ton.
Al le lu ia Ant. Fa vus di stil lans.
Intonation par la Finale en montant d'une Quinte.
EXEMPLES.
1. TON.
Guide.
7. TON.
Alle lu ia. Ant. Ad ju va bit e am.

Intonation par la Finale, *en montant d'une Sixte.*

EXEMPLES.

Intonation par la Finale *en montant d'une Septiéme.*

EXEMPLE.

Aprés le *Psalme* on repete l'*Antienne* dans le mesme *Ton*, afin de maintenir le *Ton du Chœur.*

EXEMPLE.

Cét Exemple du 8. Ton, *peut servir pour tous les autres.*

CHAPITRE

CHAPITRE IV.

Des Accents *Ecclesiastiques.*

L'*Accent* Ecclesiastique est une certaine regle de locution pour abbaisser ou élever la *sillabe* de la diction dans le Chant, afin de terminer cette *sillabe* avec melodie.

Il y a dix sortes d'*Accents* Ecclesiastiques, qui sont : Premierement, le *grave* , 2. le *moyen*, 3. l'*aigu*, 4. le *moderé*, 5. l'*interrogatif*, 6. l'*égal*, 7. celuy d'*inflexion*, 8. le *circumflexe*, 9. d'*elevation*, 10. & celuy de la *Terminaison* des *Epistres* & *Evangiles*. EXEMPLES.

Voyons maintenant en quel lieu de l'*Office* on employe ces *Accents*.

CHAPITRE V.

De l'Accent grave.

L'Accent *grave* s'employe d'ordinaire dans les *Leçons* ; il se fait regulierement à la fin de chaque *periode*, devant le *poinct*. On le prend sur la penultiéme *sillabe*, si elle est *longue*, & sur l'antepenultiéme, si elle est *bréve*. EXEMPLES.

Accent grave.

De libro,&c Regũ. Iu be,&c. benedícere.

Les *Benedictions* se chantent avec le mesme *Accent*, mais l'on répond *Amen*, & *Deo gratias*, par l'*Accent égal*. EXEMPLES.

Accent égal.

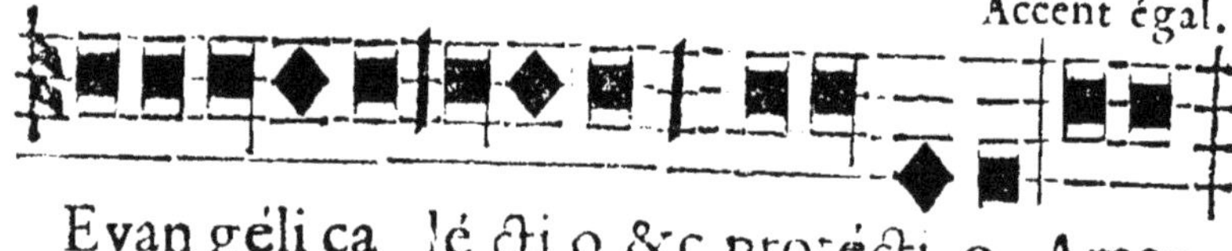

Evan géli ca lé cti o,&c. proťécti o. Amen.

Tu au tem,&c. mi se ré re no bis. Deo

L'usage de Paris termine les *Benedictions* par l'*Accent moyen*. Exemple.

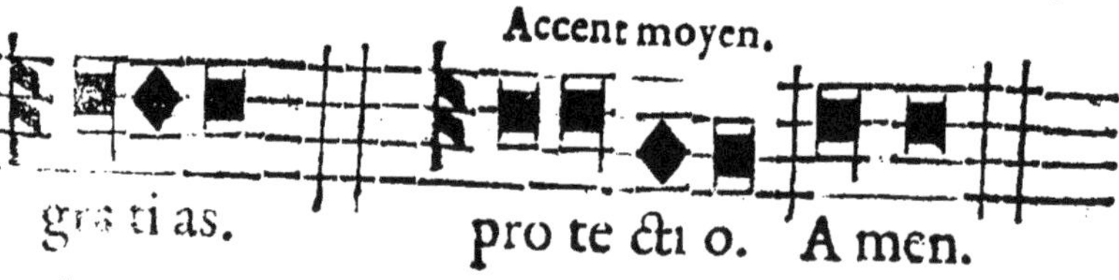

Les *Leçons* dont on ne prend point de *Bene-*

diction, comme celles de la *Semaine Sainte*, & celles de l'*Office des Morts* ſe chantent avec le meſme *Accent*, mais on les finit par l'*Accent circumflexe.*

EXEMPLE.

Accent circumflexe.

Tu es Dómi ne De us me us.

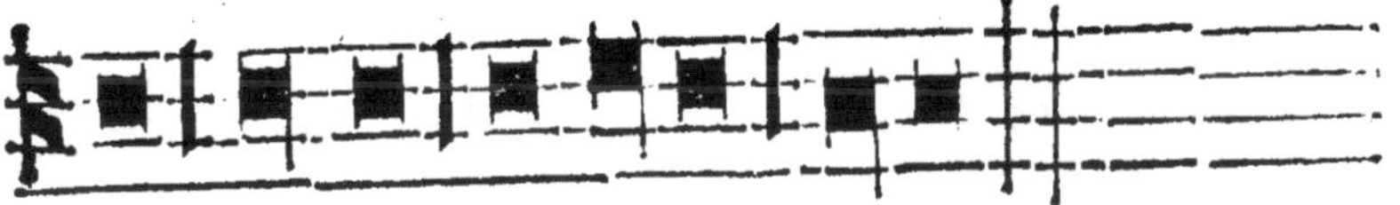

Sed par ce pec cá tis me is.

Ce qu'il faut obſerver pour bien chanter une Leçon.

On doit obſerver trois choſes :

Premierement, une *prononciation* juſte, faite avec l'obſervance des *Accents*, c'eſt à dire qu'il ne faut chanter ni trop viſte ni trop lentement, mais d'une juſte meſure, & ne faire qu'un *Accent long* ſur chaque *diction*, tant longue ſoit elle.

2. La *Teneur* des *Notes* courantes ſur le texte qui ſe trouve d'un *poinct* à l'autre, que l'on doit maintenir juſques à la *Terminaiſon* deſdits *poincts*.

3. Les *Terminaiſons* differentes du *poinct commun*, de l'*interrogatif* & du *poinct égal* ; l'obſervance des *monoſyllabes*, des *dictions Hebraïques*, *Grecques* & eſtrangeres qui s'y rencontrent.

Exemple d'une Leçon *sur laquelle on se pourra regler pour toutes les autres.*

poinct commun.

tú di nem ma jó ris expréſſerant. Bene-

poinct égal.

dí cens ergo il li, a it: Tu es fí li us

poinct interrogant. poinct égal. monoſyllabe.

me us? E ſa ü? Reſpón dit: E go ſum.

At il le: Affer mi hi, in quit, cibos de

ve na ti ó ne tu a, fi li mi: vt bene-

poinct commun.

dícat ti bi á nima me a. Quos cum oblá-

poinct commun.

tos co medíſſet, óbtu lit e i é ti am vinum.

poinct commun.

Quo hauſto dixit ad e um: Accéde ad me,

CHAPITRE VI.

De l'Accent moyen.

L'Accent *moyen* eſt le plus frequent de tous ; il ſe prend ſur la penultiéme *ſillabe*, de meſme que l'Accent *grave*, & ſi elle eſt *bréve*, on le prend ſur l'antepenultiéme. EXEMPLES.

Accent moyen.

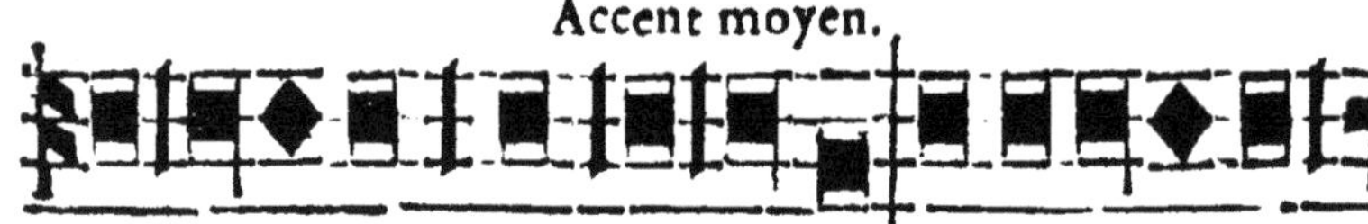

Sed lí be ra nos à ma lo. Ad ju tó ri um

Accent moyen.

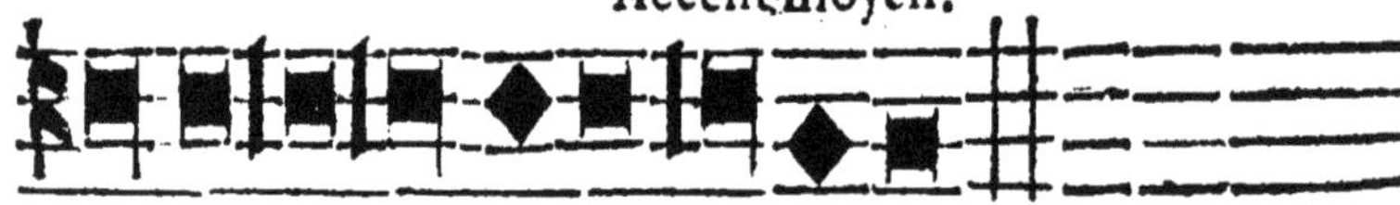

noſtrũ in nó mi ne Dómi ni.

On l'obſerve premierement aux *Chapitres.*

Exemple d'un Chapitre , *ſur lequel on ſe pourra regler pour les autres.*

Pacem & ve ri tá tem di lí gi te , a it

Accent moyen.

Dó mi nus omnípotens. De o grá ti as.

I. Observation. Si le *Chapitre* finit par un *monoſyllabe* ou par un *indeclinable* , on le termine par l'Accent *moderé.* Exemples.

monoſyllabe. indeclinable.

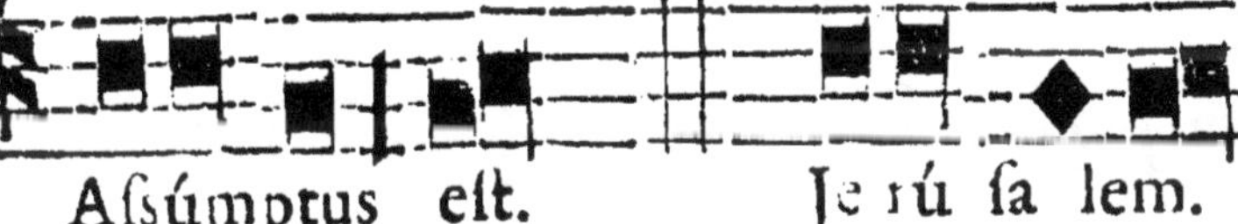

Aſsúmptus eſt. Je rú ſa lem.

II. Observation. S'il y a pluſieurs *monoſyllabes*, ou que l'*indeclinable* ne ſoit composé que de deux *ſillabes* , on le termine de cette maniere.

Exemples.

monoſyllabe. indeclinable.

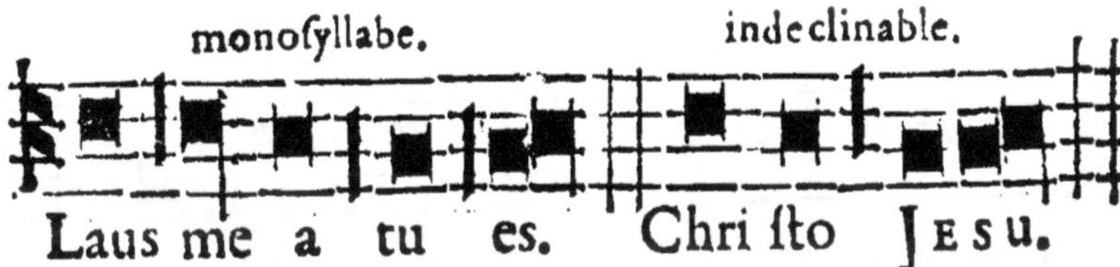

Laus me a tu es. Chri ſto Jesu.

L'uſage de Paris *termine ainſi le* monoſyllabe. *Exemple.*

ſæcu lórum. Amen. Di ligénti bus ſe.

En second lieu, il s'observe aux *Versets* qui terminent les petits *Respons* des *Heures Canoniales*.

EXEMPLE.

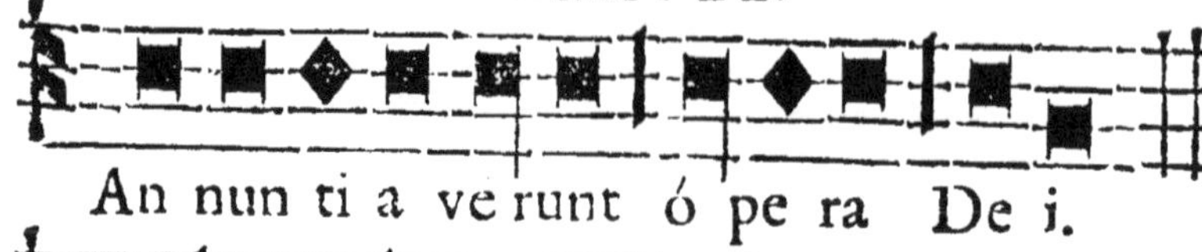

Os ju sti me di tá bi tur sa pi én ti am.

Il s'employe encore au residu du *Pater*, *&c.* *Et ne nos*, *&c.* aux *Versets* que l'*Officiant* dit devant les *Leçons* de chaque *Nocturne*, & mesme à la *Terminaison* de l'Oraison, *Exaudi Domine*, que l'on dit devant l'*Evangile* des *Matines*.

EXEMPLES.

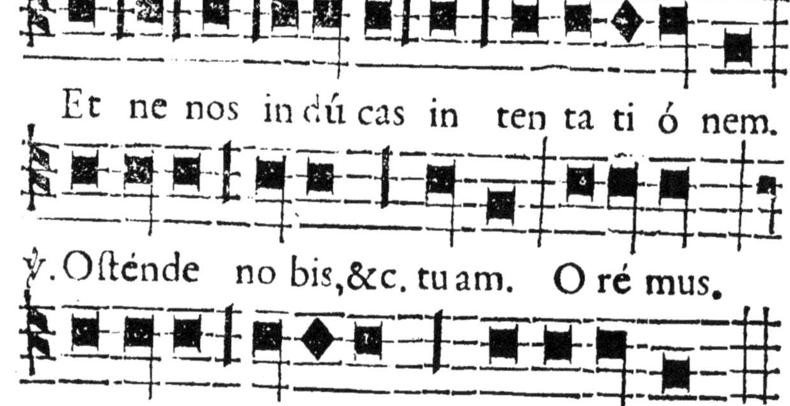

E xáu di Dó mi ne, &c. sæ cu ló rum.

Il s'observe aussi aux *Preces* tant de *Prime* que de *Complies*, à celles des *Laudes* & des *Vespres*, aux *Feries majeures*, dans les Pseaumes *De profundis*, & *Miserere*, que l'on dit aprés les *Preces*.

EXEMPLES.

EXEMPLES.

In pa ce in i dí pſũ. Repleá tur os meũ

laude. *Pſ.* De profúndis clamávi ad te

Dómine: Dó mi ne e xáu di vo cẽ meã.

Pſ. Miſerére me i Deus, &c. ſecúndũ, &c. tuam.

Enfin, on le met dans l'*Office* des *Morts*, aux *Verſets* qui ſe diſent devant les *Oraiſons*; meſmes aux *Oraiſons*, devant & aprés les Terminaiſons *Per Dominum*, & *Qui vivis*; & à la Terminaiſon de chaque *Verſet* des Pſeaumes, *Lauda anima*, & *De profundis*, dont le premier ſe chante aprés les Veſpres des *Morts*, & l'autre aprés les Laudes

EXEMPLES.

A por ta in fe ri. Requiéſcant in pa ce.

Dóminus vobíſcũ. Orémus. Deus qui in.

M

L'usage de Paris *termine ce dernier* Requiescant in pace, *par l'*Accent égal. *Exemple.*

Le *De profundis* se dit à *Laudes*, comme cy-dessus, *page* 89.

CHAPITRE VII.

De l'Accent aigu.

L'On ſe ſert de l'accent *aigu* aux *Verſets* qui ſe termine dans l'Accent *moyen* par un *monoſyllabe*, ou par un *indeclinable*.

Exemples du monoſyllabe.

Cette regle s'obſerve pareillement à la *diction* Hebraïque, *Amen*, quoy qu'elle ſoit exceptée dans la *Terminaiſon* des *Pſeaumes*. EXEMPLES.

Et cuſtó di at nos ſemper. Amen.

Vi tam æ térnam Amen.

L'on obſerve auſſi cette regle au *poinct interrogant* ?

EXEMPLE.

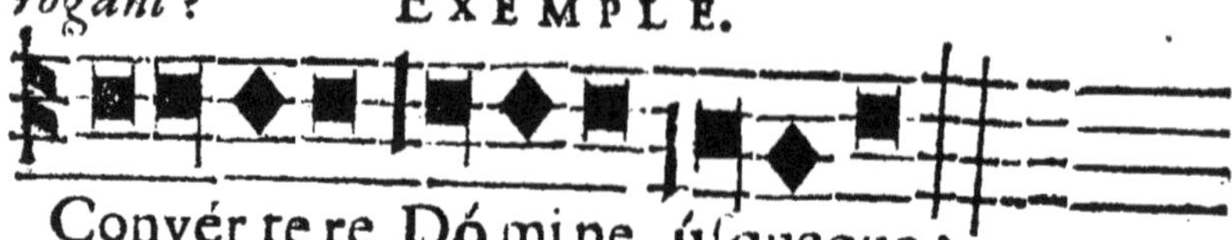

Convér te re Dó mi ne úſquequo ?

CHAPITRE VIII.

De l'Accent moderé.

Tout ainſi que l'Accent *aigu* eſt mis à la place de l'Accent *moyen* ; L'Accent *moderé* eſt de meſme au regard de l'Accent *grave*, à la place duquel il eſt mis au *monoſyllabe*, & à la *diction* Hebraïque.

Fxemples du monoſyllabe.

Noménque Trinitátis u nus De us eſt.
Et in púl verem redú——— ces me.
Ma ni fe ſta vit au——— tem ſic.

Exemples des dictions Hebraïques, Grecques, *&c.*

Nigra ſum ſed formóſa fi li æ Ie rú ſa lem.
In du e re for ti tú di ne tua——— Si on.
De ra di ce Ieſſe ortus eſt Rex——— David.
Si cut in die Ma——— di an.
De li——— bro Iob.
Si cut montes——— Be thel.

OBSERVATION. Si ces *dictions Hebraïques, Grecques* & estrangeres se declinent, elles auront la mesme force que les *dictions Latines*, & pour lors l'on se servira de l'Accent *grave*.

EXEMPLES.

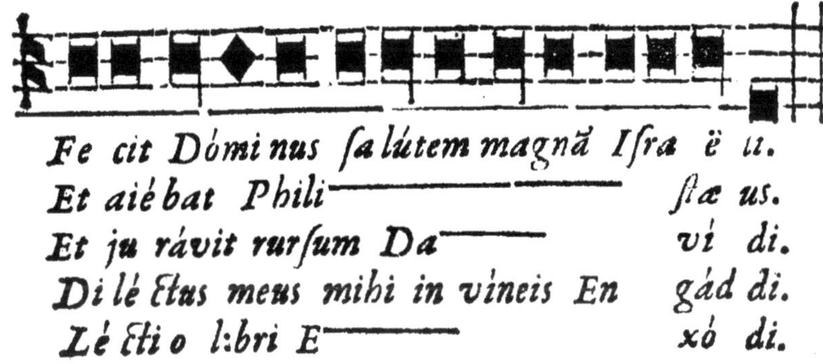

L'on observe encore cét Accent lors que le tres-saint Nom de JESUS se trouve à la fin de la periode. EXEMPLE.

Vocátum est nomen e jus JESUM.
Et secúti sunt ——— JESUM.
Propter verbũ Dei & testimóniũ JESU.

CHAPITRE IX.

De l'Accent *interrogatif*.

CEt *Accent* est le plus difficile de tous, parce qu'on ne peut luy donner une juste mesure, à cause de la longueur ou brièveté des *periodes*. Il s'employe dans les *Leçons*, dans les *Prophe-ties*,, dans les *Epistres* & *Evangiles* que l'on chan-te à l'usage de Rome.

Il est composé de deux *abbaissemems* & d'une *élevation :* Le premier desquels se prend sur le *si*, sur lequel on doit dire cinq ou six *sillabes*, ou davantage, selon le *sens* qui se rencontre dans toute la *periode*.

Le second tombe sur le *la*, & se prend toûjours sur l'antepenultiéme *sillabe*, n'importe qu'elle soit *longue* ou *bréve*.

Pour l'*elevation*, elle se prend sur la derniere *sillabe*, & est composée de deux *Notes*, qui sont *si*, & *vt*. EXEMPLE.

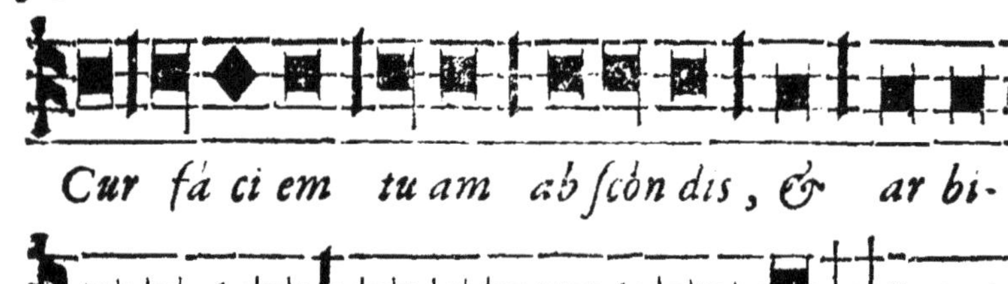

Quelques-uns veulent que l'on chante toute la *periode* en *si*, mais j'estime qu'il est beaucoup mieux d'entonner les grandes *periodes* en *vt*, jusques à la troisiéme ou quatriéme *diction* devant le *poinct*, & où il y ait un *sens*. EXEMPLE.

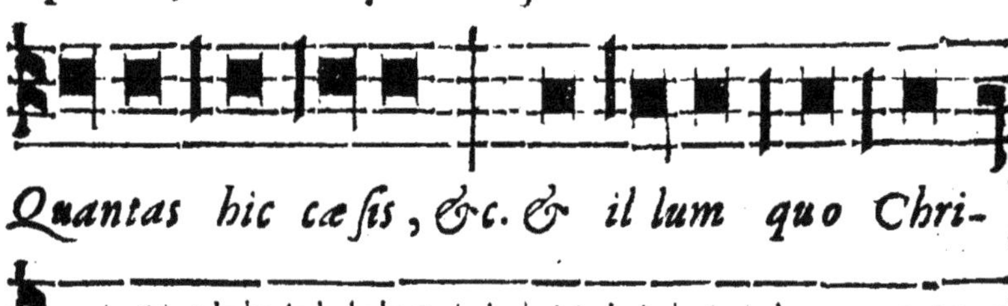

tum? Quantórum áu ri bus surdis, &c. respon-

dé ret per o be di én ti am? Quantos, &c.

ab in fir mi tá te cu rá vit?

Quant aux interrogations, dont les *periodes* ne contiennent que trois ou quatre *dictions*, il faut les entonner sur le *si*, dés le commencement.

EXEMPLES.

Saule, Saule, quid me per sé que ris?

Quis est Dó mi ne?

CHAPITRE X.

De l'Accent égal.

L'*Accent égal*, se fait sur les deux dernieres *sillabes longues*, ou reputées telles, sur lesquelles il faut s'arrester un peu plus que sur les autres à la fin de chaque *periode*, devant le *poinct*.

EXEMPLES.

Cét *Accent* convient aux *Evangiles*, aux *Chapitres*, & aux *Oraiſons* que l'on dit aux *Matines*, aux grandes *Meſſes*, & aux *Veſpres*, auſquelles l'on ne fait pas l'*Accent grave* ny le *moyen*.

OBSERVATION.

Si la penultiéme *ſillabe* eſt *bréve*, l'*Accent* ſe prend ſur l'antepenultiéme. EXEMPLE.

---

*De l'Accent d'*inflexion.

L'*Accent d'inflexion* eſt composé de deux *Notes* dans le *Chant Romain*, & dans celuy de *Paris* on le compoſe de trois ; Il ſe prend ſur la derniere *ſillabe* de l'*Accent égal*, quand un *monoſillabe*, une *diction Hebraïque, Grecque*, & étrangere, meſme quand le S. Nom de IESUS ſe rencontre à la fin d'une *periode*.

Et

Et il faut observer que la penultiéme *sillabe* qui precede le *poinct*, doit estre toûjours *bréve* à cét *Accent*.

Exemples du monosyllabe *aux* Evangiles.

Pater me us a gri co la est.
Pa rábolam banc.

Exemples du monosyllabe *aux* Chapitres.

Di li gén ti bus se.
sæ cu ló rum. A men.

Exemples du monosyllabe *aux* Oraisons.

Deus qui hodiérna di e, &c. te stá tus est.
Perpétua nos quæsumus Dómine, &c. dignátus est.

Exemples des dictions Hebraïques, Grecques, & Estrangeres.

A bra ham gé nu it I sa ac.
Quæ di ci tur Ephrem.

Quand ces *dictions Hebraïques* ont la force de la *Latine*, l'on se sert de l'*Accent égal*. Exemple.

Ip se man sit in Ga li læ a.
In pórticu Salomónis.

Exemples du S. Nom de Iesus, *aux* Evangiles.

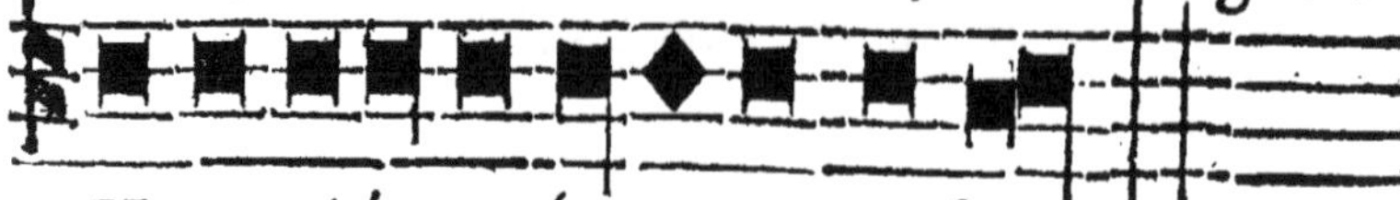

Vt ve ni én tes ún ge rent Ie ſum.
Reſpóndit eis Ie ſus.

Cét *Accent* eſt tres-frequent dans l'Egliſe de Paris, & l'on s'en ſert pour terminer le *monoſyllabe* & l'*indeclinable* tant des *Leçons* que des *Chapitres*, meſmes des *Oraiſons* & des *Evangiles*, & on le termine par une *liaiſon* de trois *Notes*.

Exemples.

Leçon à l'uſage de Paris.

Be nedi ce re. *Conſe cú ta eſt.*
Ie rúſa lem.

Chapitre à l'uſage de Paris.

Dó mi no noſtro. *Aſ súmptus eſt.*
Chriſto Ie su.

Orémus. *Deus qui, &c. te ſtá tus eſt.*

Orémus. *Deus, &c. ſentiámus. Qui vivis, &c.*

Evangile *à l'usage de Paris.*

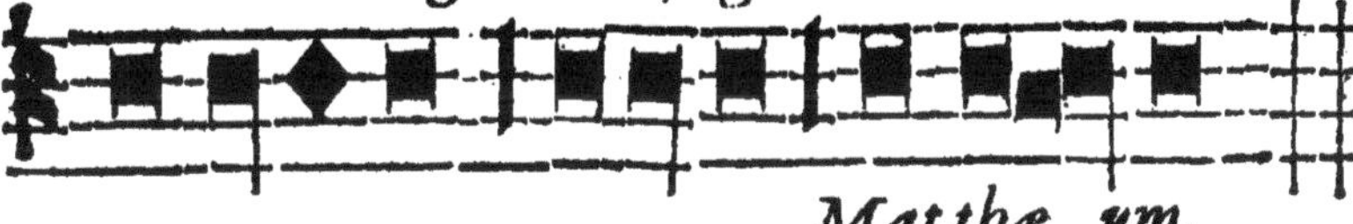

Matthæ um.
Se quénti a,&c.secúndũ *Io án nem.*
Lu cam.
Mar cum.

Le monosyllabe *&* *l'*indeclinable *se terminent dans l'*Evangile *par ce mesme* Accent.

EXEMPLES.

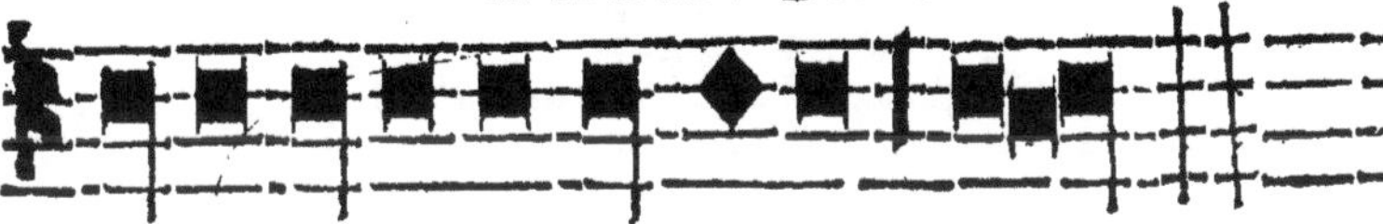

Pater me us a gri co la est.
I sá ac autem génuit Ia cob.

Quant à la *Terminaison* desdites *Evangiles*, nous en parlerons cy-aprés.

CHAPITRE XI.

De l'Accent circumflexe.

L'*Accent circumflexe* est destiné pour la fin des *Propheties*, pour celle des *Leçons* & des *Versets* des trois derniers jours de la *Semaine Sainte*, mesme pour l'*Office* des *Morts*. EXEMPLES.

Ze lus domus tu æ co mé dit me.
Di ri ge Dómine De us me us.
Sed parce pec cá tis me is.
A quo ſa na bán tur.

Si la *ſillabe* qui échet ſur le *Ré*, eſt *bréve*, il faut prendre la precedente. EXEMPLE.

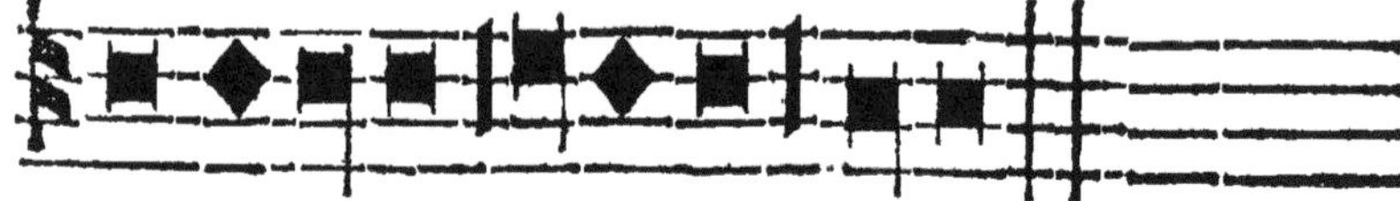

Cu ſto di vit ſpi ri tum me um.

CHAPITRE XII.

*De l'Accent d'*élevation.

CEt *Accent* n'eſt propre qu'aux *Epiſtres*; Il ſe fait à la fin de chaque *periode*, denotée par le *poinƈt*, eſtant composé de quatre ou cinq *ſillabes longues*, dont les deux premieres ſervent pour la quatriéme *ſillabe*. EXEMPLES.

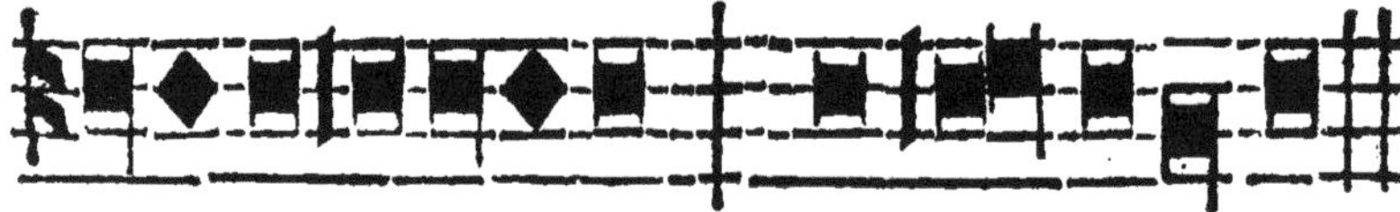

Léƈti o E pi ſto læ, &c. ad Phi lip pén ſes.
ad Ro má nos.

I. OBSERVATION.

Quand la penultiéme *ſillabe* eſt *bréve*, elle n'eſt pas contée.

EXEMPLES.

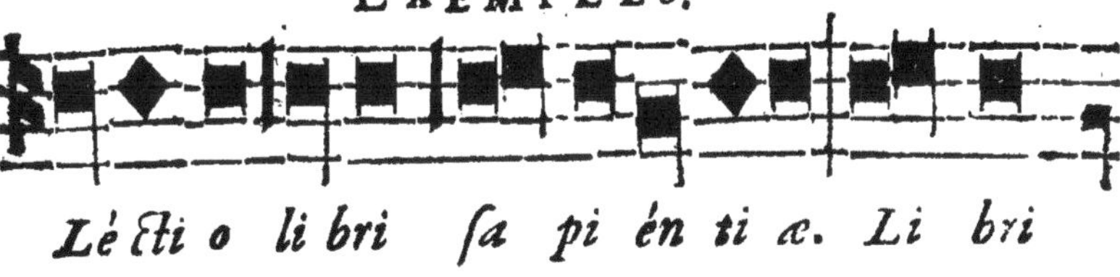

Gé ne ſis. ad E phé ſi os.

II. OBSERVATION.

L'on ne commence jamais l'*Accent* ſur une *ſillabe bréve*, mais on le prend ſur la precedente.

EXEMPLES.

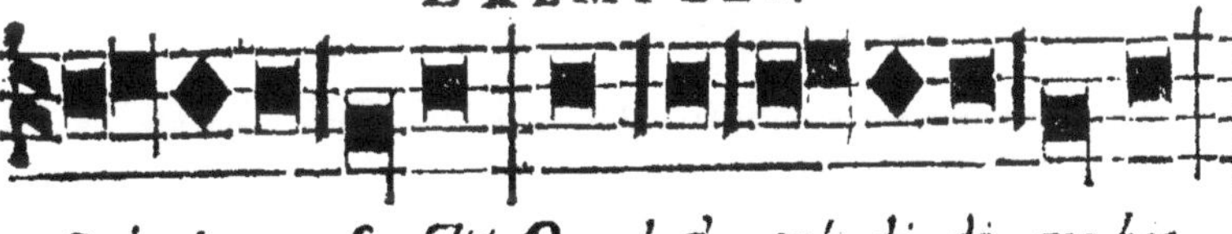

III. OBSERVATION.

Quand l'*Accent* échet ſur la derniere *ſillabe* d'une *diction*, on le prend ſur la *longue* qui la precede.

EXEMPLES.

ni po tens.

IV. OBSERVATION.

Le *monoſillabe* devant le *poinct* n'eſt pas conté

EXEMPLE.

V. OBSERVATION.

Quand il y a deux ou trois *monoſyllabes* de ſuite, ils ſont contés. EXEMPLES.

VI. OBSERVATION.

A une *diction enclitique*, l'on fait l'accent ſur la *ſillabe* qui precede le *monoſyllabe*. EXEMPLES.

VII. OBSERVATION.

Quand toute la *periode* ne contient que trois *ſillabes*, ou que de quatre il y en ait une *bréve*, la premiere *ſillabe* porte trois *Notes*. EXEMPLE.

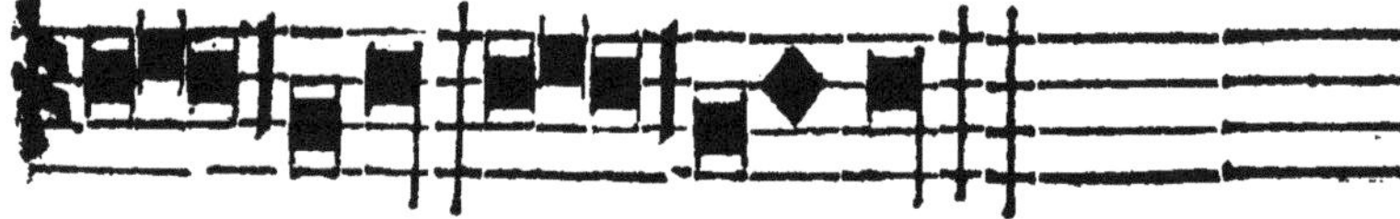

VIII. OBSERVATION.

Les *dictions Hebraïques* & autres de cette nature ne changent point d'*Accent*.

EXEMPLES.

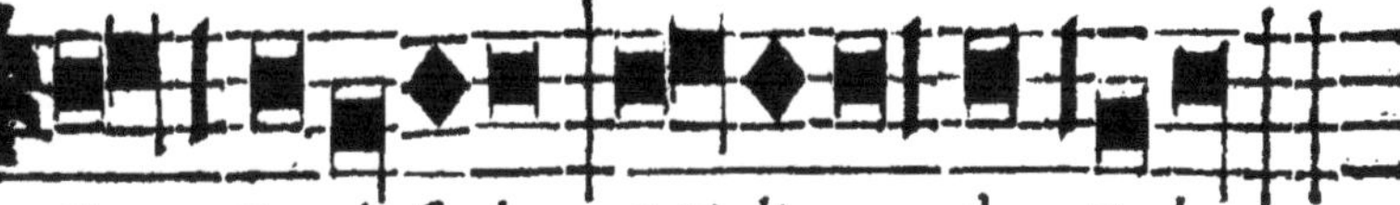

In Ie rú ſa lem Mădi an & Epha.

*L'uſage de Paris termine ainſi l'Accent de l'*Epiſtre. EXEMPLES.

Léctio E pi ſto læ be à ti Pauli A-

pó ſto li ad Philippénſes.
ad Corinthios.
ad Românos.
ad Gálatas.
ad Titum.

Le *monoſyllabe* & l'*indeclinable* ſe terminent par le meſme *Accent.* EXEMPLES.

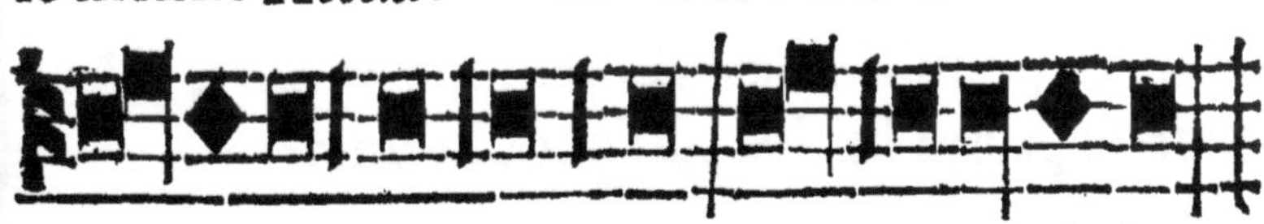

Dó mi ne mi tu ſcis. In Ie rú ſa lem.

CHAPITRE XIII.

Des Accents de la Terminaiſon des Epiſtres *&* Evangiles.

DAns la Terminaiſon des *Epiſtres* & *Evangiles*, il ſe fait deux *Accents* ſur la derniere *periode*. Le partage de la *periode* se fait à la *virgule*, ou à un *sens* où l'on peut respirer ; Sur ce partage se fait le premier *Accent* qui embrasse les deux dernieres *sillabes longues* ; La premiere est composée de deux Notes, *la*, & *vt*, & la derniere tombe sur le *si*. EXEMPLE.

Le dernier *Accent* qui est fait sur le reste de la *periode*, se prend sur le *si*, jusqu'à la penultiéme *sillabe longue*, qui est composée des Notes, *si*, & *vt*. EXEMPLE.

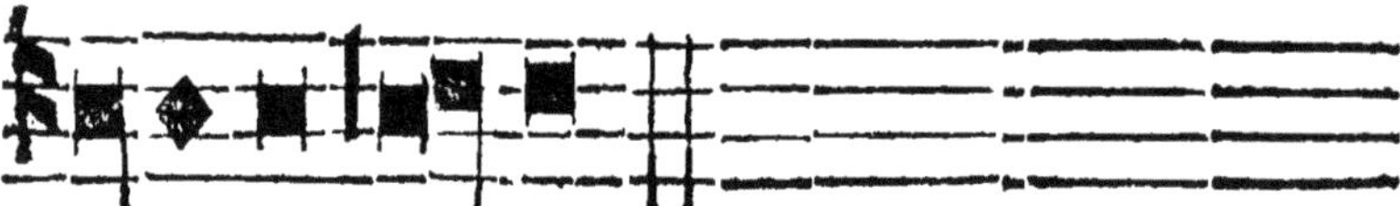

OBSERVATION.

Si les penultiémes *sillabes* sont *bréves*, l'Accent se prend sur les antepenultiémes.

EXEMPLES.

L'on peut voir par les Exemples suivans, la maniere de terminer aux *Evangiles* les *periodes* courtes & longues.

EXEMPLES.

1. *Glóriam quasi unigé ni ti à Pa tre*
2. *Omnes de Saba vénient, aurũ & thus deferén tes*
3. *Hæc in Bethánià facta sunt trans Iordá nem*

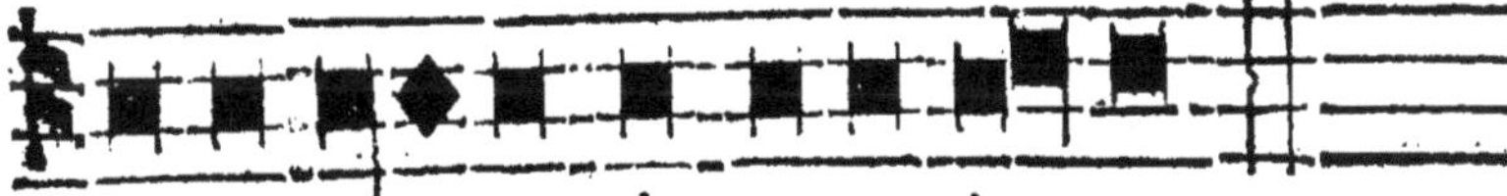

1. *plenum grá ti æ & ve ri tá tis.*
2. *& laudem Dómini annunci án tes.*
3. *vbi erat Ioánnes bap tizans.*

Exemples des *periodes* courtes.

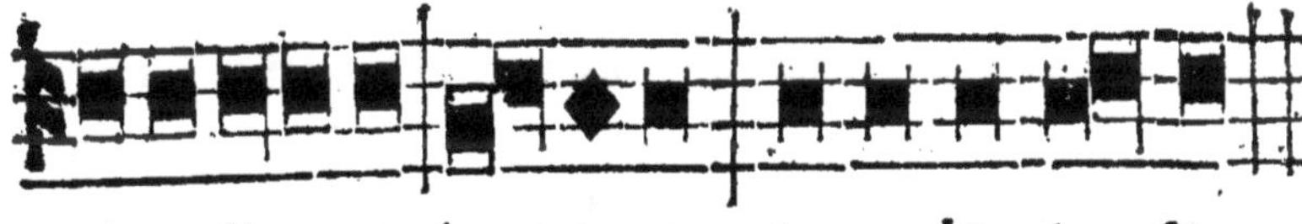

Conso lá mi ni in vi cem in ver bis i stis.
Ait Dó mi nus om nipotens.

L'usage de *Paris* termine ainsi les *Evangiles*.

EXEMPLES.

1. *Tunc imponébant manus su per il los*
2. *Iudicium sibi mandú cat & bi bit*

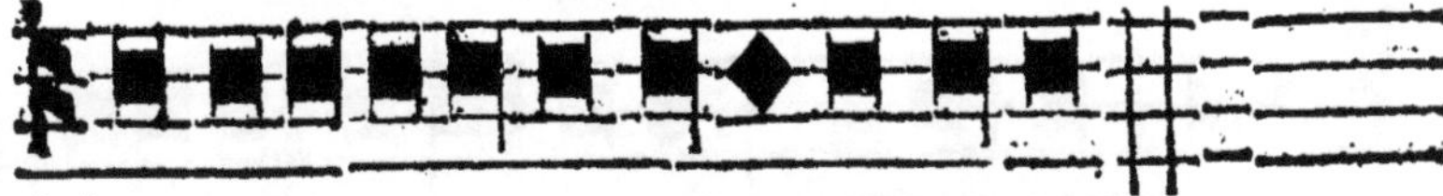

1. *& ac ci pi é bant Spiritum sanctum.*
2. *non dijúdicans Corpus Dómini.*

O

Exemples des *periodes* courtes.

Pa ter me us qui in cœ lis est.
In Christo Ie su Dómino nostro.

CHAPITRE XIV.

Des Versets.

L'On considere les *Versets* en cinq manieres, ausquelles on donne à chacun un *Chant* different.

1. Les *Versets* initiels des *Heures*, qui se chantent dans un *Son* égal, sans inflexion ny élevation, excepté le ℣. *Deus in adjutórium*, auquel on fait une élevation sur la sillabe *to*. Exemples.

℣. *Dó mi ne là bi a me a a pé ri es.*
℟. *Et os meum annunci à bit laudem tuam.*

℣. *Con vérte nos Deus sa lu tà ris noster.*
℟. *Et avérte iram tuam à no bis.*

℣. *Deus in ad ju tó ri um me um in tén de.*

℣. *Dó mine ad ad ju vándum me fe sti na.*
℣. *Glória Patri, & Filio, & Spi rítui sancto.*
℣. *Sicut erat, &c. sæculorum. Amen.*

Conclusions ou Fins differentes de l'*Alleluia* qui se dit à la fin desdits *Versets*. EXEMPLES.

Alle lu ia. Alle lu ia. Al le lu ia.

Al le lú ia. ou *Laus ti bi Dó mi ne, Rex*

æ tér næ gló ri æ.

2. Les *Versets* qui terminent les *Nocturnes* & les *Hymnes*, se chantent d'abord dans un *Son égal*, mais sur la fin il se fait un *Neume* composé de sept ou huit *Notes*. EXEMPLE.

℣. *Iustus ut palma flo ré bit.*

Aux Festes solemnelles on le chante de cette maniere. EXEMPLE.

flo ré bit.

Il y a des Eglises, où l'on fait la *Cadence* ou *Neume* en cette sorte. EXEMPLE.

flo ré bit.

Les Versets des Commemoraisons, & ceux que l'on dit apres les Respons brefs, se terminent par l'*Accent moyen*. EXEMPLE.

Fiat pax &c. tu a. Sancti in glo ri a.

2. *Observation.* Si le *Verset* finit par un *monosyllabe*, on le termine ainsi. EXEMPLE.

Firmáti sunt. Ad ju va nos. ou *nos.*

4. Les Versets des *Tenebres* & de l'Office des *Défuncts* se terminent ainsi. EXEMPLES.

Dicént em mi hi. A por ta in fe ri.

L'usage de Paris chante comme il suit les *Versets* des *Tenebres*, & de l'Office des *Morts*.

EXEMPLES.

De us mè us é ri pe me de ma nu pec-

ca tò ri. A por ta in fe ri.

MANIERE DE CHANTER LA MESSE, SELON LES VSAGES de Rome & de Paris.

QVATRIESME PARTIE.

CHAPITRE I.

Intonations differentes du Glória in excélsis, *selon l'vsage de* Rome.

PREMIEREMENT,

Pour les Festes Doubles & Solemnelles.

EXEMPLE.

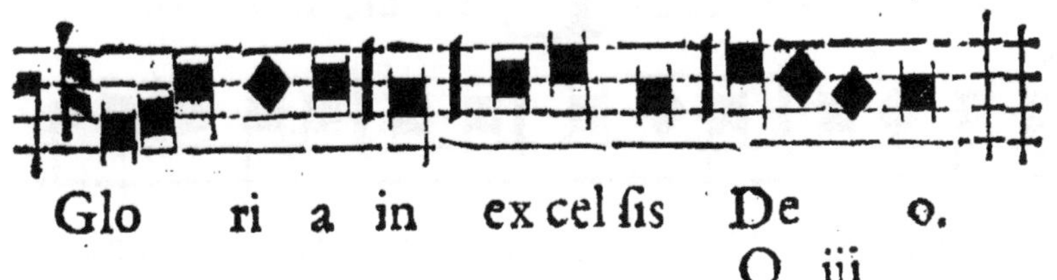

2. *Pour les Messes de la Vierge.* EXEMPLE.

Glo ri a in ex cel sis De o.

3. *Pour les Dimanches, Festes semidoubles, & dans les Octaves qui ne sont point de la Vierge.*

EXEMPLE.

Glo ri a in ex cel sis De o.

4. *Pour les Festes Simples.* EXEMPLE.

Glo ri a in excel sis De o.

CHAPITRE II.

Des Oraisons de la Messe.

Dominus vo biscum. Et cum spi ri tu

tu o. Oremus. E C cle si æ tu æ,

quæsumus Domine, preces placátus ad-

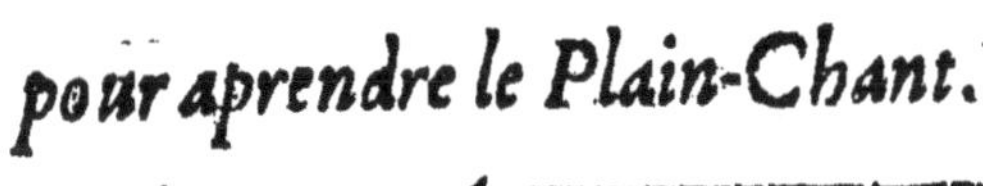

mitte, ut destructis ad ver si ta tibus, &

er ro ri bus u ni versis se cu ra ti bi ser-

vi at li ber ta te. O re mus, De us, &c.

Per Dominum, &c. Fi li um tu um: Qui

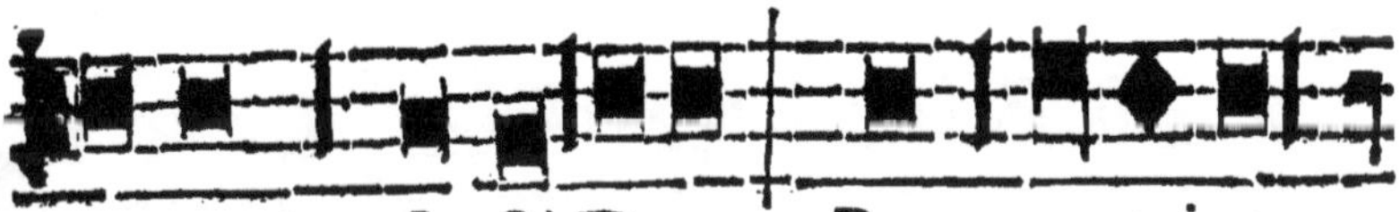

tecum, &c. sancti Deus. Per om ni a

sæ cu la sæ cu lo rum. A men.

Plusieurs qui font profession du Chant Romain, chantent le plus souvent les Oraisons de la Messe selon l'usage de leur Diocese, ou de leur Eglise particuliere, & le plus souvent ils se servent de l'Accent *égal*. EXEMPLE.

Dominus vobiscum. O rémus. De us, &c.

CHAPITRE III.

Maniere de chanter l'Epiſtre.

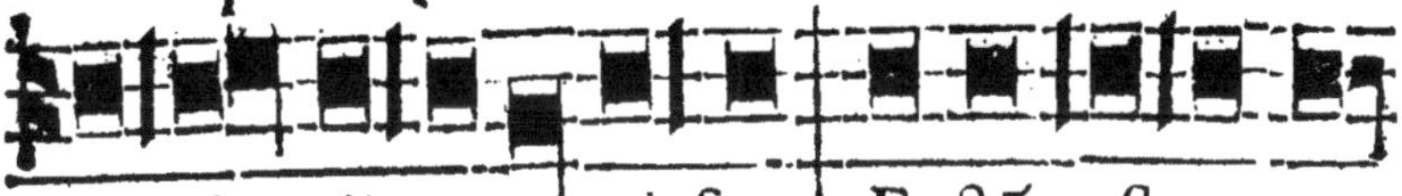

& clau di cu ra ti sunt. Factũ est er go

gaudium magnum in il la ci vi ta te.

Plusieurs qui font profession du Chant Romain, chantent le plus souvent l'*Epistre* de cette maniere.

EXEMPLE.

Lecti o Actuum A po sto lorum. In di e-

bus il lis. Philippus descẽdens, &c. Factũ est

er go gaudium ma gnum in il la ci-

vi ta te.

CHAPITRE IV.

Maniere de chanter l'Evangile.

Dominus vobiscum. Sequẽti a san cti Evan-

gé li j secundũ Marcum. IN il lo
tempore: Ma ri a Magdelene, & Ma ri a
Ia cobi, & Sa lome, e merunt a ro ma ta
ut veni en tes ungerent le ſum. Et valdè, &c.
ad invicem: Quis revolvet nobis la pidem
ab o ſti o mo nu menti ? Et reſpi cientes
revo lutum la pidem. Erat quippe magnus
val dè. Et in tro e untes in monumentũ, &c.
& obſtupu e runt. Qui di xit il lis?

Apres l'*Evangile*, on chante le *Credo* comme il suit.

EXEMPLE.

Evangile que l'on chante d'ordinaire chez les Religieux.

Evan ge li j ſe cun dum Ioannem.
IN il lo tempo re: Dixit Ie ſus tur bis
Iu dæ o rum. Caro me a ve rè eſt cibus:
& ſanguis meus ve rè eſt po tus. Qui man-
du cat meam carnem & bibit meum ſan-
guinem: in me ma net & e go in il lo.
Sicut mi ſit me, &c. vivet propter me. Hic
eſt panis qui de cœ lo deſcéndit. Non
ſicut manduc averunt patres veſtri man na

Evangile pour les Défuncts, où l'on ſe ſert d'un Accent *tout particulier ſur les trois dernieres* ſillabes *qui precedent le* poinct.

EXEMPLE.

OBSERVATION.

L'on n'obſerve pas cét *Accent* le jour de la *Commemoraiſon des Trépaſſez*, ny aux Obſeques ſolemnels, mais l'on chante l'Evangile dans l'*Accent égal*, comme les autres Evangiles.

CHAPITRE V.

Maniere de chanter une Preface.

PEr omni a ſæ cu la ſæ cu lo rum.

℟. Amen. ℣. Dominus vo biſ cum. ℟. Et

cum ſpi ri tu tu o. ℣. Sur ſum cor-

da. ℟. Habe mus ad Do mi num.

℣. Grati as a ga mus Domi no De o

no ſtro. ℟. Di gnum & ju ſtum eſt.

Ve rè dignum & justum est, æquum
& sa lu ta re, nos tibi semper &
u bi que gra ti as a ge re, Domi ne
san cte Pater omni po tens æ terne
De us. Qui cum u ni ge ni to Fi li o
tu o, & Spi ri tu sancto, u nus est
De us, u nus est Do mi nus: Non
in u nius singu la ri tate per so næ,
sed in u ni us Tri ni ta te

ſubſtan ti æ. Quod enim de tu a glo ri-
a, reve lante te cre di mus, hoc de
Fi li o tu o, hoc de Spi ri tu
ſan cto, ſi ne dif fe ren ti a di ſcre-
ti o nis ſen ti mus. Vt in confeſ-
ſi o ne ve ræ, ſempiternequæ De i-
ta tis, & in per ſo nis pro pri e tas,
& in eſſenti a u ni tas &
in ma je ſta te a do re tur æ-
qualitas.

CHAPITRE VII.

Maniere de chanter le Pater.

Q

for ma ti au de mus di ce re.
P
A ter noster, qui es in cæ lis:
San cti fi ce tur no men tu um. Adve-
ni at regnum tuum. Fi at vo lun tas
tu a, si cut in cæ lo, & in
ter ra. Panem nostrũ quo ti di a num
da no bis ho di e: Et di mit te
no bis de bi ta no stra si cut &
nos di mittimus de bi to ri bus nostris.

Apres le *Pater*, on chante ce qui ſuit:

EXEMPLE.

CHAPITRE VIII.

*Diverſes manieres de chanter l'*Ite Miſſa eſt.

PREMIEREMENT,

Pour les Feſtes ſolemnelles.

EXEMPLE.

e, e, Missa est.
2. Pour les Festes de la Vierge. EXEMPLE.
I te Missa est.
3. Pour les Festes Doubles. EXEMPLE.
I te e, e,
Missa est.
4. Pour les Doubles non-Festées. EXEMPLE.
I te Mis sa est.
Autre maniere de le chanter.
I te e,
Mi sa est.
5. Pour les Dimanches, & Festes Semidoubles.
I te e, Mis sa est

6. *Pour les Festes Simples.* EXEMPLE.
I te Mis sa est.
7. *Pour le Temps de Pasques.* EXEMPLE.
I te Missa est, Al le lu ia, alle-
8. *Pour les Défunts.* EXEMPLE.
lu ia. Re qui e scant in pa ce. ℟. Amen.
Intonations differentes de Benedicamus *; premierement pour les Dimanches de l'Advent & de Caresme.* EXEMPLE.
Be ne dicamus Do mi no.
2. *Pour les Feries, & les Quatre-Temps.*
Be ne di ca mus Do mi no.
3. *Pour la veille de Noël, & le jour des Innocens.*
Bene di ca mus Do-
o mi no.

MANIERE DE CHANTER LA *Messe, selon l'usage de Paris.*

CHAPITRE IX.

Intonations differentes du Glória in excélsis ; *premierement, pour les Festes Doubles & Solemnelles.*

Glo ri a in ex cel sis De o.

2. *Pour les Dimanches, Festes semidoubles.*

Glo ri a in ex cel sis De o.

L'on se sert si l'on veut du suivant.

Glo ri a in ex cel sis De o.

3. *Pour les Festes Simples, les Feries du Temps de Pasques, & les Octaves Simples.*

Glo ri a in excel sis De o.

L'on se sert si l'on veut du suivant.

Glo ri a in excel sis De o.

4. *Pour les Samedys quand on fait de la Vierge.*

Glo ri a in ex cel sis De o.

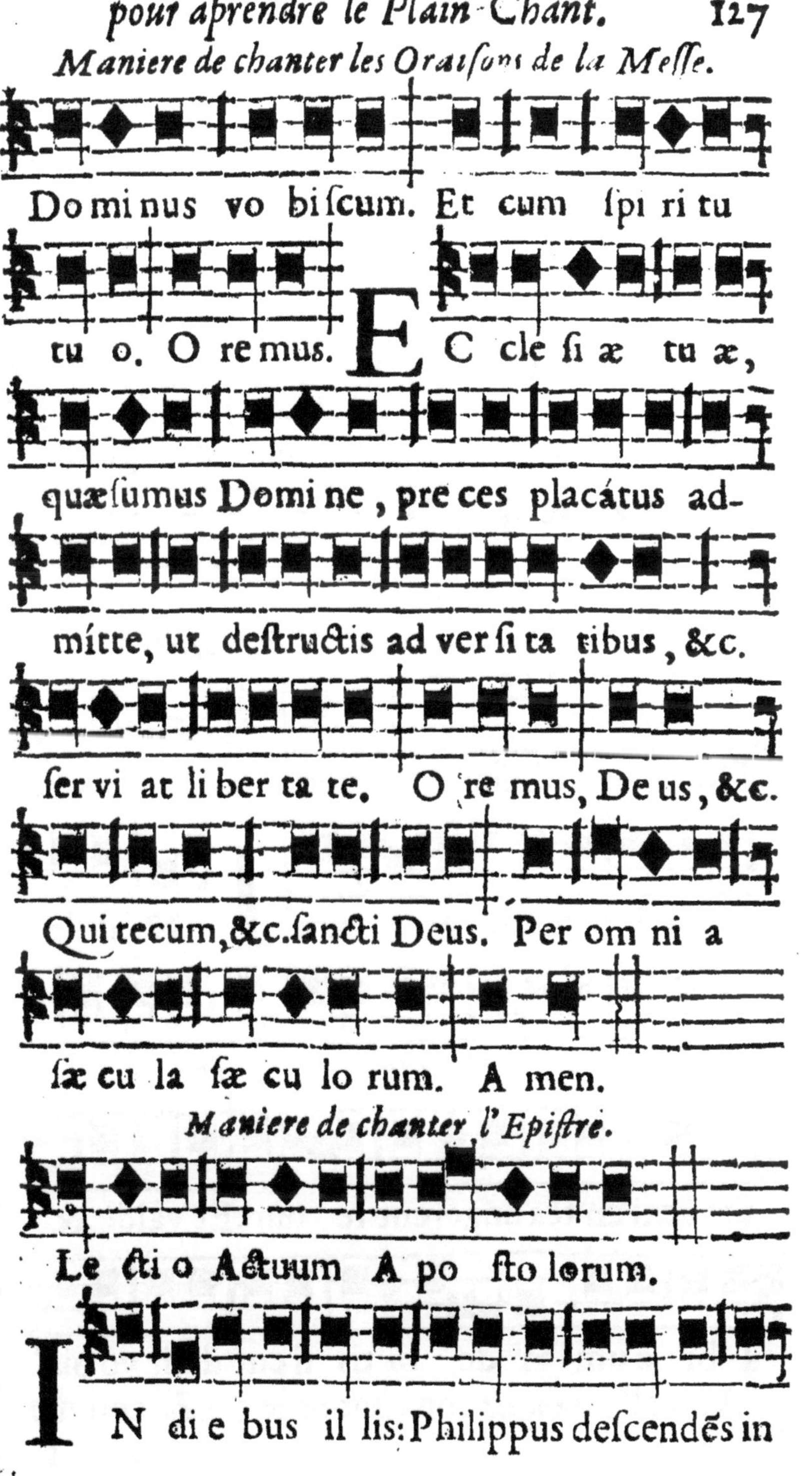
Maniere de chanter les Oraisons de la Messe.
Do mi nus vo bi ſcum. Et cum ſpi ri tu
tu o. O re mus. E C cle ſi æ tu æ,
quæſumus Domi ne, pre ces placátus ad-
mitte, ut deſtructis ad ver ſi ta tibus, &c.
ſer vi at li ber ta te. O re mus, De us, &c.
Qui tecum, &c. ſancti Deus. Per om ni a
ſæ cu la ſæ cu lo rum. A men.
Maniere de chanter l'Epiſtre.
Le cti o Actuum A po ſto lorum.
I N di e bus il lis: Philippus deſcendẽs in

Apres l'*Evangile*, on chante le *Credo* comme il suit.

EXEMPLE.

EXEMPLE.
Credo in u nuin De um.
Maniere de chanter une Preface.
PEr omni a ſæ cu la ſæ cu lo rum
℟. Amen. ℣. Dominus vo biſ cum. ℟. Et
cum ſpi ri tu tu o. ℣. Sur ſum cor-
da. ℟. Habe mus ad Do mi num.
℣. Gra ti as aga mus Domi no De o
no ſtro. ℟. Di gnum & ju ſtum eſt.
Ve rè dignum & juſtum eſt, æquum
& ſa lu ta re, nos tibi ſemper &c.

De us. Qui cum u ni ge ni to Fi li o
tu o, & Spi ri tu ſancto, u nus es
De us, u nus es Do mi nus: Non
in u nius ſin gu la ri ta te per ſo næ,
ſed in u ni us Tri ni ta te
ſubſtan ti æ. Quod enim de tu a glo ri-
a, reve lante te cre di mus, hoc de, &c.
qui non ceſſant clama re quo ti di e
u na vo ce di cen tes.

Maniere de chanter le Pater.

P Er om ni a sæ cu la sæ cu lo rum.

℞. Amen. O re mus. Præceptis sa lu ta ri bus

mo ni ti, & di vi nâ insti tu ti o ne

for ma ti au de mus di ce re.

P A ter noster, qui es in cæ lis, &c.

Et ne nos in du cas in ten ta ti o nem.

Apres le *Pater*, on chante ce qui suit:

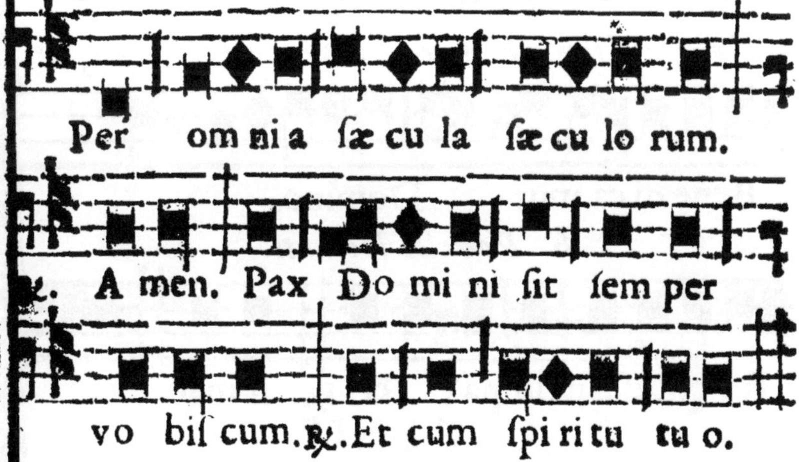

Per om ni a sæ cu la sæ cu lo rum.

℞. A men. Pax Do mi ni sit sem per

vo bis cum. ℞. Et cum spi ri tu tu o.

Nouv. Meth. pour aprendre le Plain-Chant.
Diverses manieres de chanter l'Ite Missa est ; premierement, pour les Festes Annuelles & Solemnelles, & quand on touche l'Orgue.
I te Mis sa est.
2. Aux Festes Doubles Mineures.
I te Mis sa
3. Durant les Octaves Solemnelles.
est. I te Mis sa
4. Pour les Dimanches, Festes Semi-doubles, Simples, Feries, durant les Octaves Simples & Messes Votives de la Vierge.
est. I te Mis sa est.
5. Pour les Dimanches de l'Advent & de Caresme.
Bene di ca mus Domino.
6. Pour les Défunts.
Re qui escant in pa ce. ℟. A men.
FINIS

www.ingramcontent.com/pod-product-compliance
Ingram Content Group UK Ltd.
Pitfield, Milton Keynes, MK11 3LW, UK
UKHW021101260726
13994UKWH00002B/643